大学生职业素养与职业能力综合实践教程

主编　吴新中　王　辉　童　隆

人民交通出版社股份有限公司
北　京

内 容 提 要

本书分三篇八章，上篇为职业素养与职业能力，主要介绍职业素养、职业能力；中篇为职业测评工具简介，主要内容为职业测评概述、相关职业测评工具使用；下篇为求职实践，主要介绍职业市场调研、简历撰写、求职面试和模拟招聘。本书通过简明的理论介绍、典型的案例分析、丰富的拓展阅读和配套实训练习，帮助大学生提高职业素养和职业能力。

本书可供高等院校三年级或四年级学生学习使用，也可供相关指导教师参考。

图书在版编目(CIP)数据

大学生职业素养与职业能力综合实践教程 / 吴新中，王辉，童隆主编．—北京：人民交通出版社股份有限公司，2021.5

ISBN 978-7-114-17220-5

Ⅰ.①大… Ⅱ.①吴… ②王… ③童… Ⅲ.①大学生—职业选择—高等学校—教材 Ⅳ.①G647.38

中国版本图书馆 CIP 数据核字(2021)第 063361 号

书 名：**大学生职业素养与职业能力综合实践教程**
著 作 者：吴新中 王 辉 童 隆
责任编辑：郭红蕊 张征宇
责任校对：刘 芹
责任印制：张 凯
出版发行：人民交通出版社股份有限公司
地 址：(100011)北京市朝阳区安定门外外馆斜街 3 号
网 址：http://www.ccpcl.com.cn
销售电话：(010)59757973
总 经 销：人民交通出版社股份有限公司发行部
经 销：各地新华书店
印 刷：中国电影出版社印刷厂
开 本：720×980 1/16
印 张：11.75
字 数：191 千
版 次：2021 年 5 月 第 1 版
印 次：2021 年 5 月 第 1 次印刷
书 号：ISBN 978-7-114-17220-5
定 价：36.00 元
(有印刷、装订质量问题的图书由本公司负责调换)

《大学生职业素养与职业能力综合实践教程》

组　委　会

编　委　会

前言

当今世界正经历百年未有之大变局，叠加新型冠状病毒肺炎疫情(以下简称“新冠肺炎疫情”)影响，我国发展的内部条件和外部环境正发生深刻且复杂的变化。党和国家提出“六稳”“六保”决策部署，就业居于首位，而就业的重点是高校毕业生。基于“在危机中育先机、于变局中开新局”的理念，高校必须直面挑战、迎难而上。

我们探索开设“就业与职业能力综合实践”，作为必修公共基础课程，主要包括就业讲堂、行业调查、职业测评、生涯人物访谈、模拟面试、实战招聘等内容。配套编辑此书，以期助力学生从毕业生转变为职业人，将学习能力转化为职业素养，从就业竞争力提升为职业成长度。

一、夯实基础，培育素养

用人单位招聘的显性职业素质要求，具体是指以成绩、证书、荣誉表现出来的专业能力，这是我们入职的门槛和基础。但在遴选淘汰时，用人单位是以隐性职业素养(职业精神、团队合作、责任担当等)为准绳的。教学中，我们将组织讨论富含隐性职业素养的案例，潜移默化地帮助学生培育职业素养。

二、实授技巧，提升技能

传统的“就业技巧”指导、“临阵磨枪”的培训易于掌握和应用，但应用场景有局限，容易“弄巧成拙”。教学中，我们将应用团队合作学习、智慧教学手段、职业兴趣测评等，发力探索通用职业技能养成，提升学生未来职业发展的胜任力。

三、突出实训，贴近实战

我们认为，最理想的就业教育就是实训实战。教学中，我们将以过程参与式、互动体验式教学为主线，让学生感悟就业、体验职场，以实训活动内化知识技能，以实战模拟强化习得经验，让知识转化为能力，让经验转化为素质。

四、实施行动，着眼生涯

酒香也怕巷子深，自我营销是大学生就业过程、职场发展中必须树立的核心理念。就业是成为社会人、职业人过程中里程碑式的一关，大学生要掌握用人单位的思维和眼光，理解用人单位看人选人用人育人理念，知彼的目的不仅是要顺利拿到OFFER(录用信)，更重要的是为入职后的长远职业生涯发展进行谋划。

“空谈误国，实干兴邦”，让我们教学相长，戒空谈，多实战，祝同学们不负初心、不负韶华。

奋斗的青春最美丽！

作　者

2021年4月

上篇　职业素养与职业能力

中篇　职业测评工具简介

下篇　求职实践

上篇　职业素养与职业能力

登高必自卑，自视太高不能达到成功，因而成功者必须培养泰然心态，凡事专注，这才是成功的要点。

——〔美〕爱迪生

第一章　职业素养

【本章学习目标】

- 明确职业素养的含义
- 了解职业素养的特点和意义及作用
- 理解职业素养的分类
- 知晓支撑职业素养的各类理论模型

【案例导入】

没有"试题的面试"

【背景】

××房地产公司要招聘一名客户接待员，因为该公司在当地是一家很有实力的房地产公司，不只待遇不错，还实行股份制，年底有分红，所以前来应聘的人很多。

经过初试、复试的激烈竞争，刘同学、李同学和王同学成为优胜者。刘同学对招聘人员提出的问题回答得有条有理，头头是道；李同学学习成绩优秀，聪明伶俐，很会察言观色；王同学稳重大方，作风干练，素质很好。这三位优胜者各有千秋，究竟录用哪一个，人力资源部经理很难取舍。因此，人力资源部经理决定再设一轮面试，由公司总经理亲自进行，以决定最终的录用人选。人力资源部经理通知三位优胜者回去认真准备，两天后来公司面试。

【事件】

两天的时间很快就过去了，刘同学、李同学和王同学都准时到了面试地点。三个人看上去都准备充分,信心十足。人力资源部经理对他们说:“非常抱歉,我们还有些事情要研究,总经理请你们等一会儿,他马上就过来。”说着就把他们领进了接待室。临出门前,经理又回过头微笑着说:“如果有电话,麻烦你们帮忙接一下。”说完就转身出去了。刘同学、李同学和王同学坐在办公桌前的椅子上静静地等着。这间办公室内正好有三张办公桌,每张办公桌上都有一部电话机。

刘同学紧闭双目,专心地考虑着下面的面试细节。就在这时,他桌上的电话响了。刘同学拿起电话,只听到对方问道:“你们是××房地产公司吗?”“不是,你打错了。”刘同学说罢就把电话挂断了。刘同学刚刚放下电话,李同学面前的电话就响了起来。李同学把听筒放到耳边,“喂”了一声,只听对方问道:“你们是××房地产公司吗?”李同学应了一句:“是呀,你找谁?”没想到对方突然把电话挂断了。李同学边放电话边嘟囔了一句:“神经病!”

没过一会儿,王同学桌上的电话也响了起来。只见王同学拿起电话,轻声道:“您好,这里是××房地产公司。请问您有什么事需要我们帮助?”对方说:“我打算选套两居室的房子,请问到你们这里怎么走?”王同学热情地回答了对方的问题,并真诚地说:“我们随时欢迎您的光临。您来了,我们会详细地向您介绍情况,并带您去实地参观挑选,一定会让您满意的。”最后,双方在“谢谢”“再见”声中挂断了电话。

王同学放下电话没过几分钟,办公室的门被推开了,人力资源部经理走了进来。他微笑着说:“今天的面试到此结束。”看着三位优胜者一脸惊讶的表情,经理又进一步解释道:“其实,刚才你们三个人接听电话就是我们设计的考试题。王同学热情礼貌,对待客户的真诚态度符合我们招聘的要求,得到了招聘小组的一致认可。经研究,我们决定录用王同学为我们公司的客户接待员。”接着他又握着王同学的手说:“恭喜你被公司聘用了。”

直到这时,三人才恍然大悟,原来这是一场没有试题的面试。

【分析】

王同学应聘时接听电话的礼貌热情和对待客户的真诚态度让她笑到了最后。其实,如果三人事先知道接听电话就是考试题的话,相信他们都会做得很好。王同学之所以能脱颖而出,正是因为她在不知情的情况下仍然做到了热情服务。这实际上是良好的职业素养,也是招聘公司欣赏和看中她的原因。

细微之处见精神,王同学接听电话的态度显示出了她的修养和对工作的责任感，这是一名优秀员工所应当具备的素质。这种素质需要我们在平时的工作和生活中去学习和积累。有时候，能够改变命运的并不是惊天动地的大事，而是一个个小小的细节。

第一节　大学生职业素养概述

一、素养

“素养”一词，古书上就有论及。《后汉书》卷七十四下《刘表传》称：“越有所素养者，使人示之以利，必持众来。”元·刘祁《归潜志》卷七载：“士气不可不素养，如明昌、泰和间崇文养士，故一时士大夫争以敢言、敢为相尚。”

可见，“素养”一词在汉语中与“素质”“修养”意思相近。《汉书·李寻传》中“马不伏历，不可以趋道；士不素养，不可以重国”，即指经常的自我修养。现在则指人们在关乎个体生存与发展的认识和实践中领悟，为实现预期目的进行勤奋学习与锻炼，最后在知识、技能与思想品质方面达到一定的水平❶。哈佛大学教授罗恩·理查德(Ron Ritchhart，2002)对素养的定义是：“一种后天行为模式，具有主观能动性，而不是被自动激活的。素养包含各类行为，而不是单一的某个行为。在特定情境发展过程中，它们是动态的、特殊的，而不是严格执行的规定行为。比主观意愿更重要的是，素养必须与必要的能力结合。素养激励、激发与引导能力的发展。”❷

由此，我们可以这样理解素养：素养是后天逐步习得的，并表现为若干技能和行为的复杂集合。它们是循环往复的模式，不是单一的事件或技能。培育素养没有秘诀宝典，没有规定的流程，也没有行为的脚本。比主观意愿更重要的是，素养必须与必要的能力结合。作为个体，不单单要有完成任务或出色表现的主观意愿，还必须具备这样做的技能、能力。

---

❶ 杨千朴.职业素养基础[M].南京：南京大学出版社，2007.

❷ 亚瑟·L.科斯塔，贝纳·卡利克.什么是素养[J].滕梅芳，译.数字教育，2018(3)：79-86.

二、职业

关于“职业”一词，古书中多有述及，如《荀子·富国》称：“事业所恶也，功利所好也，职业无分，如是，则人有树事之患，而有争功之祸矣。”汉·潘勖《册魏公九锡文》称：“以君经纬礼律，为民轨仪，使安职业，无或迁志。”

职业（Occupation），根据中国职业规划师协会[1]的定义，是性质相近的工作的总称，通常指个人服务社会并作为主要生活来源的工作。对于职业概念的理解，可以从以下三方面展开：首先，个体活动并不是孤立存在的，而是具有社会性的；其次，个体通过参与社会活动而获得生存和发展所需的物质财富与精神财富作为回报；最后，个体并不能通过简单活动获得所需的回报，而是需要经过一定的历练过程，并在过程中不断地提升素养和增强技能。

【拓展阅读】

为充分适应和反映人力资源开发管理需求，促进劳动者就业创业，人力资源社会保障部建立了新职业发布制度，实施职业分类动态调整。2020 年，人力资源社会保障部委托中国就业培训技术指导中心发布了《关于持续开展新职业信息征集工作的通告》（中就培函〔2020〕35 号），面向社会公开征集新职业信息。日前，经自主申报、专家评估论证、书面征求中央和国家机关有关部门意见、面向社会公示征求意见等程序，人力资源社会保障部会同国家市场监督管理总局、国家统计局向社会正式发布了集成电路工程技术人员、企业合规师、公司金融顾问、易货师、二手车经纪人、汽车救援员、调饮师、食品安全管理师、服务机器人应用技术员、电子数据取证分析师、职业培训师、密码技术应用员、建筑幕墙设计师、碳排放管理员、管廊运维员、酒体设计师、智能硬件装调员、工业视觉系统运维员等 18 个新职业信息。

---

[1] 中国职业规划师协会（China Career Development Mentor Association），成立于 2009 年 9 月 18 日，是由职业规划咨询专业机构及具有专业资格的职业规划师和资深专家、学者自愿组成的全国性的职业规划行业协会，是经中华人民共和国香港特别行政区政府依法核准的专业社团组织。

这是《中华人民共和国职业分类大典(2015年版)》颁布以来发布的第四批新职业。此次在发布新职业信息的同时,还调整变更了"社区事务员"等有关职业工种信息。

此次发布的新职业信息主要有以下特点:

(1) 数字化技术发展催生的新职业。

随着互联网技术的发展,2012年,"电子数据"作为新的证据形式被纳入《中华人民共和国刑事诉讼法》,电子数据取证作为一种全新的取证技术广泛应用于刑事诉讼活动中。电子数据调查分析服务也由司法机关逐渐延伸至其他行政执法部门和大型企事业单位。将"电子数据取证分析师"纳入职业分类目录,可有效推进该职业规范化、专业化建设,为公共环境健康安全提供有力的科技保障。

密码技术被公认为保障网络与信息安全最有效、最可靠、最经济的技术。随着数字经济的快速发展,密码服务也扩展到物联网、智慧城市等多方面,呈现出智联智融的特征,催生出隐私保护、零信任、多方安全计算等新型密码技术。为规范密码应用和管理,2019年十三届全国人大常委会第十四次会议审议通过《中华人民共和国密码法》,提出"国家加强密码人才培养和队伍建设"。"密码技术应用员"作为密码技术应用供给侧、用户侧、监管侧的主力军,将为数字经济的安全、融通、监管等保驾护航。

近年来,随着我国人口老龄化程度持续加深,劳动年龄人口减少以及人力成本上升,各行业、产业对服务机器人的需求快速增加,服务机器人已广泛应用在教育、娱乐、物流、安防巡检等领域。特别是新冠肺炎疫情发生后,服务机器人在医疗、餐饮等方面的应用迎来爆发式增长。"服务机器人应用技术员"直接负责服务机器人的需求反馈、应用与推广,是推动服务机器人产业发展的重要人才支撑。

此外,"集成电路工程技术人员""智能硬件装调员""工业视觉系统运维员"等都是数字化技术发展和变革催生的新职业,这些新职业对于促进数字经济的健康发展具有重要意义。

(2) 企业高质量发展孕育的新职业。

扎实推动经济高质量发展和提升企业国际竞争力,对企业合规建设提出了更高要求。企业合规管理是对企业法律、财务、审计、进出口、劳动环境、社会责任等多方面进行合规管控,具有较强的综合性、独立性和技术性。近年来,政府出台了一系列企业合规管理政策及指引,如《企业境外经营合规管理指引》《中央企业合规管理指引(试行)》等。“企业合规师”将在规范企业投资经营行为、注重环境保护、履行社会责任、提高企业竞争软实力等方面发挥积极作用。

融资是企业生存发展的重要业务,企业通过“公司金融顾问”对接金融机构和金融市场,可有效避免投融资信息不对称等问题,还可在实现金融结构调整的同时,培育出新的业务和商机。银行等金融机构也可通过“公司金融顾问”拓展多元化业务,平抑经济周期波动带来的风险,提升服务实体经济效能。

借助现代信息技术手段,通过高效实用的以物易物平台,对剩余资产进行有效整合,实现资源快速互通和对接,已成为企业突破地域限制、实现自由对接,解决资金短缺、产品积压问题的重要手段。专业“易货师”能系统运用资源整合理论,促进产、供、销和谐分配和优化资源,有效解决产品迟销、滞销、停销问题,是易货企业所急需的新兴复合型人才。

(3) 绿色发展理念和食品安全要求催生的新职业。

党的十九大报告提出,“建立健全绿色低碳循环发展的经济体系”。2020 年底,生态环境部出台《碳排放权交易管理办法(试行)》,推动经济发展方式绿色低碳转型。碳排放管理是一个技术性、综合性较强的工作,需要掌握相关碳排放技术,熟悉政策和标准,做好碳排放规划、核算、核查和评估等。“碳排放管理员”这一职业应运而生。这一职业从业人员将在碳排放管理、交易等活动中发挥积极作用,有效推动温室气体减排。

食品安全关系人民群众身体健康和生命安全,关系社会和谐稳定,是重大的民生问题。随着生活水平的不断提高,人民群众食以安为先的要求更为迫切。国家在加强食品安全监管的同时,也需要引导食品生产经营单位自主开展食品生产、流通、销售、服务等全流程的安全控制,全面提高食品安全质量。“食品安全管理师”作为食品生产、餐饮服务和食品流通等活动中从事食品安全风险控制和管理的人员,未来会有巨大的市场需求。

(4) 人民日益增长的美好生活需要派生的新职业。

汽车更新换代带来大量二手车交易需求,且交易方式呈现出复杂化、多样化和专业化的趋势。二手车交易涉及品牌认证、拍卖交易、委托交易及各种金融服务、质保等业务,催生出专业的“二手车经纪人”。他们通过提供专业化的交易咨询和交易服务,维持公平、公开、透明的交易秩序,提高交易效率,满足公众对汽车的个性化需求。

随着生活模式的改变及生活节奏的加快,原来单一的茶叶、牛奶或酸奶等饮品,已难以满足消费者的多样化需求。近年来出现了将茶叶、奶类、果蔬等融合开发出的新式可口健康饮品,广受群众特别是年轻人的喜爱。这类饮品的调配者称"调饮师"。"调饮师"作为新兴职业,不仅有利于促进灵活就业,而且可带动茶叶、奶类及果蔬等产业的发展。

新职业的发布,对于增强从业人员的社会认同度、促进就业创业、引领职业教育培训改革、推动产业发展等都具有重要意义。新职业发布后,人力资源社会保障部将会同相关部门和单位加快开发新职业的职业标准,指导人才培养培训,提升从业人员的素质和能力,打造数量充足、素质优良的从业人员队伍。

(资料来源:https://baijiahao.baidu.com/s? id = 1694622927190890029&wfr = spider&for = pc)

三、职业素养

(一)职业素养的概念

职业素养,是指职业人在从业过程中需要遵守的行为规范。职业素养一般包含职业道德、职业意识、职业精神和职业技能等方面的内容。职业素养是劳动者在职业生涯中得以发挥自身能力的重要基础和前提,是人们从事某种工作、完成特定职责所需具备的专业技能和道德操守的总和。个体在职场中的行为的总和构成了自身的职业素养。职业素养是内涵集合,个体行为是外在表现。职业素养需要职业行为作为载体,所以说职业素养是职业人需要遵守的行为规范。

(二)在高等教育阶段进行职业素养教育的意义和作用

在知识经济时代,在变化越来越迅速的VUCA[Volatility(易变性)、Uncertainty(不确定性)、Complexity(复杂性)、Ambiguity(模糊性)]时代,高校培养的即将走入职场的学生不能仅仅是掌握某一专业技能的"专才",更应该是包含其显性职业素养和隐性职业素养的结合体,这样才能够接受市场的检验,成为合格的职业人,更好地在竞争激烈的职场中立足。因此,开展对大学生群体职业素养教育的意义与作用不言而喻。

1. 在高等教育阶段进行职业素养教育的意义

高等教育是大学生进入社会前集中进行学习的最后一个教育阶段，肩负着培养担当民族复兴大任的时代新人的重任。社会主义现代化强国需要数以亿计的人才来建设，需要强大的人才队伍来支持。习近平总书记在同北京师范大学师生代表座谈时指出："人才越来越成为推动经济社会发展的战略性资源，教育的基础性、先导性、全局性地位和作用更加突显。"他还指出："'两个一百年'奋斗目标的实现、中华民族伟大复兴中国梦的实现，归根到底靠人才、靠教育。源源不断的人才资源是我国在激烈的国际竞争中的重要潜在力量和后发优势。"❶"我们要始终高度重视提高劳动者素质，培养宏大的高素质劳动者大军。""提高包括广大劳动者在内的全民族文明素质，是民族发展的长远大计。""我们一定要深入实施科教兴国战略、人才强国战略、创新驱动发展战略，把提高职工队伍整体素质作为一项战略任务抓紧抓好。""要实施职工素质建设工程，推动建设宏大的知识型、技术型、创新型劳动者大军。"❷

大学生作为人才资源中最具有活力且平均文化程度最高的群体，肩负着落实各项人才强国战略的重任。大学生在学校完成学业后也需要进入社会，找到合适的职业和岗位，实现自己的个人价值。大学生经过高等教育阶段的研习，通过各种方式获得一些综合素质，主要包括：通过专业的学习拥有完善的知识结构，具备较高的综合判断能力及较强的社会适应本领，有良好的思想道德品质与健康的身体素质，同时对自身的职业生涯有很好的规划能力等。高等院校培养出来的大学生，经受住市场的洗礼和检验后才能真正成为被社会需要的职场人。

事实证明，教育是促进人的全面发展的主要途径，通过教育和学习就能使人的素质、知识、能力及技能水平得到提升，可持续发展的能力得到增强。所以，在高等教育阶段加大对学生职业素养的培养和构建，既是强化人力资本投入—产出比的需要，也是实施强有力的人才队伍建设战略的需要。只要有源源不断的既有专业领域知识又有高级职业素养的人才资源投身于祖国建设，就能够实现中华民族的伟大复兴，走上富国强国之路。

---

❶ 习近平.做党和人民满意的好老师——同北京师范大学师生代表座谈时的讲话[N].人民日报，2014-09-10.

❷ 习近平.在庆祝"五一"国际劳动节暨表彰全国劳动模范和先进工作者大会上的讲话[N].人民日报，2015-04-29.

2. 在高等教育阶段进行职业素养教育的作用

高校是学生进入社会前的最后一个受教育环节,大学生要在学校里完成作为职业人所需的基本素养的储备。在大学阶段职业素养储备得越充分的学生,越能更快更好地适应社会。因此,在高等教育阶段对大学生进行职业素养教育有以下作用:

(1) 帮助大学生树立求职信心。针对社会不同职业从业者所需的基本要求,个体职业素养的教育在用人单位、高校、学生三方"传—授—获"的模式中得以延续,即用人单位向高校传达信息,教师整合这些信息并通过传授知识的方式传达给学生,学生在此学习中获得用人单位所要求的职业人的基本素养。具备了职业素养的大学生,不仅能够适应用人单位选拔人才的需要,更能够在被选拔的过程中体现出自信。这对于即将进入职场的大学生而言,是非常重要的信心支撑。

(2) 促进用人单位高效匹配人才。培养合格人才、培养新时代社会主义接班人是高等教育的目标,向社会和劳动力资源市场源源不断输送高质量的劳动者是高等教育的职能。因此,在高等教育阶段,大学生可通过专业的学习,拥有完善的知识结构;通过实习实践,具备较高的职业技能及较强的社会适应能力;通过职业素养培养,形成良好的职业价值观、职业道德、职业心态、职业意识。

(3) 助力党和国家事业发展。全面建成小康社会后,为实现第二个百年奋斗目标而努力就成了全党和全国各族人民共同努力的方向。踏上建设社会主义现代化国家新征程,让中华民族以更加昂扬的姿态屹立于世界民族之林,需要品德好、知识丰、素质高的人才,大学生正是国家人力资源池中最具有以上特点的高素质人才。为此,在高等教育阶段,加大对大学生职业素养的教育和培训,是促进我国以更高速度和更高质量向更高远目标发展的保障。

(三) 职业素养的分类

按照职业素养的内涵定义,职业素养一般包含职业道德、职业意识、职业精神和职业技能等方面的内容。在这些内涵定义的内容中,根据其可见性将其分为显性职业素养和隐性职业素养。

1. 显性职业素养

显性职业素养,顾名思义即能被看见、被量化评估的职业素养。它主要是指职业技能，通过各类证书、各类资格凭证、各类专业技能测评等级证明来量化判断职业水平和业务技术。例如，通过学历证书，证明知识水平；通过各类职业技能证书，证明已经达到了某种职业需要的技能水平。

用人单位招募人才时，在招聘启事中对学历、基础职业资格、专业技能等方面划定的硬性条件，就是显性职业素养的体现。例如，本科学历、硕士研究生学历；计算机等级证书、英语四六级证书；注册会计师（CPA）、特许金融分析师（CFA）、二级建造师、英语专业八级、物流师、教师资格证等。

2. 隐性职业素养

隐性职业素养，是指不可见的，不能通过外显特点和量化指标进行评判和测量的，长期通过行为涵养而形成的置于内心深处的职业信念、职业道德和职业价值观等，需要通过长期职业行为去表达和传递。

用人单位招募人才时，在招聘启事中对是否有责任心、能否抗压、是否具有团队合作精神、能否适应长期加班等方面划定的软性条件，就是隐性职业素养高低的体现。

总的来说，显性职业素养是隐性职业素养的载体，是隐性职业素养的外在表现；隐性职业素养决定并支撑着显性职业素养，是显性职业素养的内在支持。

第二节　大学生职业素养模型构建

一、冰山理论

素养是个体先天遗传条件和后天经验因素形成的身心倾向，它反映的是内在的、内隐的、稳定的个体特征，不容易被察觉，更不会被直观地量化。基于此，美国社会心理学家戴维·麦克利兰（D. C. McClelland）在解释素养的内隐性时，采用了“冰山”作为比喻，于是就有了众所周知的“冰山理论”，又称为“素质冰山模型”（图 1-1）。

麦克利兰将人的个体素质比喻为冰山。冰山整体分为上下两部分，上面的部分清晰可见，下面的部分深藏于水中。麦克利兰将人的那些容易了解和可测量的基本知识、基本技能比喻为冰山浮在水上面的部分，而将人的那些内在的、难以测

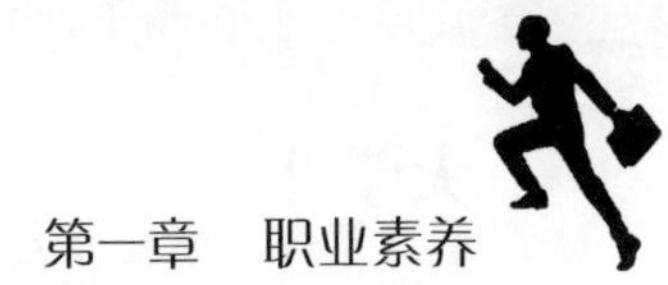

量的社会角色、自我形象、特质和动机等素质比喻为冰山隐藏在水下的部分,而水下的部分对人的行为与表现起着关键性的作用。素质冰山模型对某种岗位的胜任素质及特征的描述,已经成为人才素质测评的重要依据。

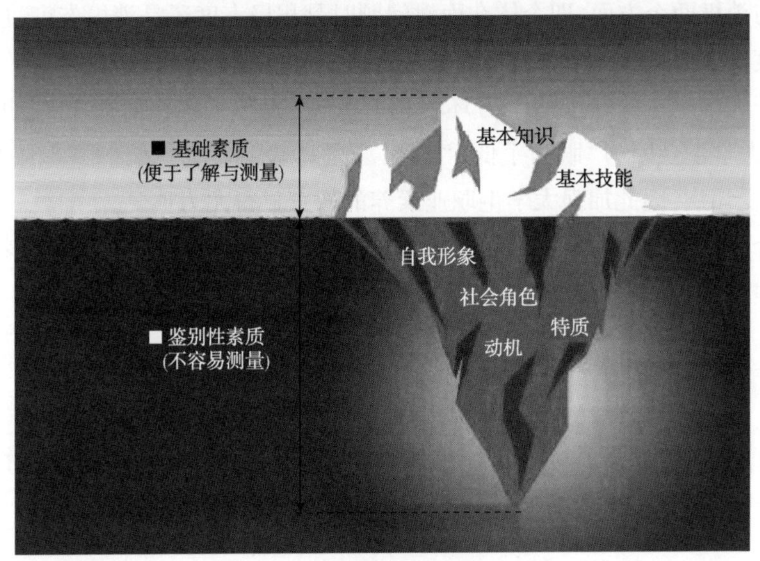

图 1-1　冰山理论模型

根据冰山理论,结合大学生的综合素养,先把大学生整体看作一座冰山,再把水面上的专业技能、专业知识、个性特征等看成显性素养,把水面下的动机、态度、人生观、价值观等看成隐性素养。显性素养为外显的,通过改进、培训方式容易获得;而隐性素养更为深藏,不易获得,只能逐步改善。简单来说,就是将大学生的职业素养分为显性与隐性两部分,显性部分一般容易外露而被人熟知,对个体而言,通过改进与培训的方式能较快获得。隐性部分相对显性部分来讲,不外露,人们不容易观察出来,个体在获取的时候不能一步到位,需要长期培养和坚持。

二、大学生职业素养模型

冰山理论中的隐性素养主要包括个体的动机、态度、人生观及价值观四个方面。个体的动机是个体做出某项行为的出发点,或者是根本所在。它指导个体的行动,可以称之为个体自带的“发动机”。个体的态度、人生观及价值观统称为自我概念,具体表现为个体的“这个很重要,所以要做”及“这是我该做的”意识。这

种意识对行为的影响体现在判断个体的行为是否为主动的。同时,对行动价值的具体看法是与个体价值观相联系的。个体的人生观一般变化不大,相对稳定,即个体对自我的行为对自身的影响,是长远的还是短期的认识。关于态度问题,主要包含积极与消极两个方面,即个体在面对问题时是积极态度还是消极态度,也可以将不同态度的人分成积极乐观者与消极悲观者。

由于大学生在校园里的学习环境相对安逸、人际关系相对简单,当进入职场后,部分大学生会因为“眼高手低”“自视甚高”“说到容易,做到难”“沟通能力欠缺”等饱受诟病,因此加强大学生职业素养的教育显得尤为重要。

结合冰山理论和大学生这一群体的主要特征,我们将大学生职业素养进行了模型构建,如图 1-2 所示。

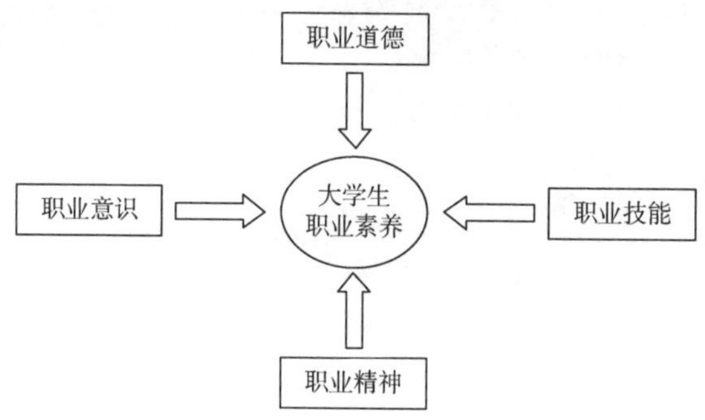

图 1-2　大学生职业素养模型

按照麦克利兰的冰山理论,结合大学生职业素养隐性和显性的特点,我们还可以将大学生职业素养模型描述如下:“冰山”之上可见、可量化的为职业技能;“冰山”之下,不可见、不可量化的为职业道德、职业意识、职业精神(图 1-3)。按照冰山理论,越是不可见、不可量化的,越是由于长期的行为、习惯、德行积累而成的,不容易改变的,越是对未来个人成长和发展有持续的、潜移默化的影响作用。

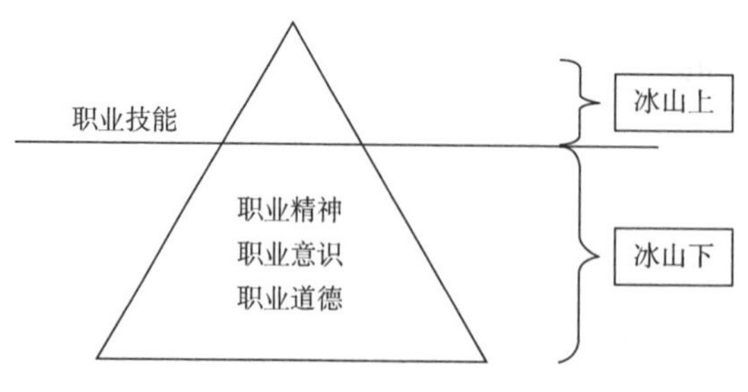

图 1-3　大学生职业素养“冰山”模型

（一）职业道德

良好的职业道德是每一个员工都必须具备的基本品质，这是企业对员工最基本的规范和要求，同时也是每个员工担负起自己的工作责任必备的素养。职业道德的概念有广义和狭义之分。广义的职业道德是指从业人员在职业活动中应该遵循的行为准则，涵盖了从业人员与服务对象、职业与职工、职业与职业之间的关系。狭义的职业道德是指在一定职业活动中应遵循的、体现一定职业特征的、调整一定职业关系的职业行为准则和规范。不同的职业人员在特定的职业活动中形成了特殊的职业关系，包括职业主体与职业服务对象之间的关系、职业团体之间的关系、同一职业团体内部人与人之间的关系，以及职业劳动者、职业团体与国家之间的关系。

职业道德反映着特定的职业关系，具有特定职业的业务特征，因而它的作用范围仅仅局限于特定的职业活动，只对从事特定职业的人具有约束力；职业道德通常以规章制度、工作守则、服务公约、劳动规程、行为须知等形式表现出来。不同职业的人群具有不同的职业道德规范。职业道德衍生于社会道德，即源于家庭教育、学校教育，因此可以说，它具有相对的稳定性与连续性的特点。但由于行业不同，人们在进行职业训练或教育的过程中，会根据不同行业习惯和特点形成不同的职业道德。因此，大学生职业道德的形成与其从小面临的家庭教育环境及学校教育环境有较大的关系，这些环境为大学生形成什么样的职业道德奠定了基础。同时，大学生接受的专业教育成为他们形成区别于不同专业的职业道德的重要因素。大学生在学校中培养的职业道德是在教育的潜移默化中逐渐形成的，而不是在短期内形成的。因此，要让大学生形成良好的职业道德，除了靠学校的教学手段外，让大学生发现自我，将专业特点与自身的行为习惯相结合，也是有效的解决方法。同时，要加强大学生思想、情操、意志等方面的教育，通过加强思想政治教育，通过讲解习近平新时代中国特色社会主义思想及社会主义核心价值观，使大学生明白应该成长为什么样的人，以什么样的姿态投身于祖国建设。在教与学中使大学生懂得感恩、学会分享，勇于承担责任，同时还应懂得勇于面对困难，不推诿、不抱怨，诚恳踏实地解决问题。

（二）职业意识

职业意识是指人们对职业的认知、看法，情感及态度，是个体对一个行业基本工作的认识。职业意识的形成不是突然的,而是经历了一个由幻想到现实、由模糊到清晰、由摇摆到稳定、由远及近的产生和发展过程。它对个体的影响较为深入,具体可以表现为不同行业的职业意识不同,相同行业的职业意识具有高度一致的认同感,这种认同感区别于不同行业,具有较明显的差异。

每个职业都具有行业统一的规则,这些规则是行业内人们都需谨记,实现职业人自我约束的依据。职业意识的表现包括个体对职业的态度,如积极还是消极,对职业未来的憧憬,对职业发展现状的了解,社会对职业的评价,社会回报与个体期望的匹配度,个体对职业的归属感……也可以简单理解为诚信意识、客户意识、团队意识、合作意识、自律意识和学习意识。

大学生的诚信意识、客户意识、团队意识、合作意识、自律意识和学习意识等职业意识的形成除了个体通过学习与培训获得,还需要在相应的环境中去沉浸、去陶冶、去涵养,不是一朝一夕就能够形成的,是一个较为漫长的过程。但是这些职业意识可以在大学生的成长过程中受到来自外界与自身的影响,并在学习中逐渐养成。因此,我们在为大学生提供职业意识的教育时,要有意识地为其营造相关的氛围,提供相应的行业引路人或者生涯榜样人物,帮助大学生从他们那里间接获取不同行业需要的职业意识,同时鼓励高年级的大学生勇敢地走进职场,通过实习、实践或者兼职等多种形式,去直接感悟不同行业需要的职业意识。

(三)职业精神

职业精神是指个体在实际工作中将企业当作自己的另一个家,或是个体在专业学习的过程中,在精神上认同所在职业,并准备投身其中。职业精神与人们的职业活动紧密联系,从业者应该具有某种职业特征的操守、从事某种职业需要的自觉。职业精神在个体上的显现,是由多种要素构成的,包括职业理想、职业态度、职业纪律、职业责任、职业作风、职业诚信等。因此,在工作、学习中,个体应能全身心地投入,展现自身的才能,同时能够积极主动地去解决发现的问题。通常,人们所说的敬业精神是职业精神的重要组成部分。在现实中,当个体以主人翁的身份参与活动的时候,个体的主动性、积极性都会被激发。同时,具备良好的职业精神,能够吃苦,理解团队协作,是完成活动的重要因素。一般来讲,不同的个体拥有相同行业的职业精神,对提高团队的工作效率是很有帮助的。

大学生在高校学习阶段,对职业精神的掌握可以体现在学生之间的协作关系上,这可以在学生活动、学习小组中见到。所以,社团活动的开展等校园系列活动,可以看作大学生进入职场前的演练。大学生除了学习高校传授的行业应具备的知识、案例外,更多的还是要通过阅读相关的书籍,以及参与现实活动来培养职业精神。

(四)职业技能

职业技能,是指在职业分类的基础上,根据职业的活动内容,对从业人员工作能力水平提出的规范性要求。它是从业人员从事职业活动,接受职业教育培训和职业技能鉴定的主要依据,也是衡量劳动者从业资格和能力的重要尺度。掌握一门专业技能是就业的根本,也是顺利就业的途径之一。大学生是否具备良好的职业技能是能否顺利就业的前提。

职业技能教育在提高劳动者素质、促进就业、实现经济增长方式转变和延迟就业、缓减就业压力、促进地方经济社会发展、增进社会和谐稳定中所起的作用日益明显。在求学阶段,除了学习好专业方面的理论知识外,掌握一门与专业相关或者与未来求职就业意向岗位相关的核心技能,是大学生顺利走入职场的前提和保障。

在2019年5月召开的"部署推进职业技能提升行动电视电话会议"中,中共中央政治局常委、国务院总理李克强作出重要批示。批示指出:开展大规模职业技能培训,是提升劳动者就业创业能力、缓解结构性就业矛盾、促进扩大就业的重要举措,是经济迈向高质量发展的重要支撑。要坚持以习近平新时代中国特色社会主义思想为指导,认真贯彻党中央、国务院决策部署,围绕落实好就业优先政策、促进比较充分的就业,扎实高效实施职业技能提升行动。努力推进建设知识型、技能型、创新型劳动者大军,为促进经济持续健康发展和就业稳定作出新贡献。

2019年,我国高等教育毛入学率超过50%,进入高等教育普及化阶段❶,大学生失去了天之骄子的光环。为了应对这种变化,大学生应该正确认识自己作为"普通劳动者"的身份,在求学期间不断通过夯实专业理论知识、习得职业技能、获得职场经验来强化自身的就业竞争力。

---

❶ 张盖伦.教育部:我国即将进入高等教育普及化阶段[N].科技日报,2019-02-27.

【实训活动】

一、请结合课程中对职业素养的概述和自己对大学生职业素养模型的理解，选择几个自己最想进入的行业和职业，结合行业和职业的要求，写下应该具备的职业素养，以及如何获得这些职业素养。

________________的职业素养提升日志

	职业道德	职业意识	职业精神	职业技能
	获取方式	获取方式	获取方式	获取方式
行业-职业 (________)				
	实施路径	实施路径	实施路径	实施路径

二、自 2020 年以来，人力资源和社会保障部已经先后发布了 40 个新职业，请你从这 40 个新职业里挑选 3 个你最感兴趣的新职业，结合岗位信息，去找相关从业人员进行访谈，完善对新职业的认知(职业认知信息表附后)。

2020 年 4 月发布的 13 个新职业：人工智能工程技术人员、物联网工程技术人员、大数据工程技术人员、云计算工程技术人员、数字化管理师、建筑信息模型技术员、电子竞技运营师、电子竞技员、无人机驾驶员、农业经理人、物联网安装调试员、工业机器人系统操作员、工业机器人系统运维员。

2020 年 7 月发布的 9 个新职业：区块链工程技术人员、城市管理网格员、互联网营销师、信息安全测试员、区块链应用操作员、在线学习服务师、社群健康助理员、老年人能力评估师、增材制造设备操作员。

2021 年 3 月发布的 18 个新职业：集成电路工程技术人员、企业合规师、公司金融顾问、易货师、二手车经纪人、汽车救援员、调饮师、食品安全管理师、服务机器人应用技术员、电子数据取证分析师、职业培训师、密码技术应用员、建筑幕墙设计师、碳排放管理员、管廊运维员、酒体设计师、智能硬件装调员、工业视觉系统运维员。

__________职业认知信息表(1)

职业名称	岗位职责	任职条件
	1.	1.
	2.	2.
	3.	3.
	4.	4.
	5.	5.
	6.	6.

__________职业认知信息表(2)

职业名称	岗位职责	任职条件
	1.	1.
	2.	2.
	3.	3.
	4.	4.
	5.	5.
	6.	6.

职业认知信息表填写示例：

区块链工程技术人员职业认知信息表

职业名称	岗位职责	任职条件
区块链工程技术人员 (定义:从事区块链架构设计、底层技术、系统应用、系统测试、系统部署、运行维护的工程技术人员)	1.分析研究分布式账本、隐私保护机制、密码学算法、共识机制、智能合约等技术	1.计算机、大数据应用等相关专业,本科及以上
	2.设计区块链平台架构,编写区块链技术报告	2.有相关算法工作经历
	3.设计开发区块链系统应用底层技术方案	……
	4.设计开发区块链性能评测指标及工具	……
	5.处理区块链系统应用过程中的部署、调试、运行管理等问题	……
	6.提供区块链技术咨询及服务	……

【课后作业】

- 什么是职业素养？职业素养是如何分类的？
- 大学生在求学期间提升职业素养的意义和作用有哪些？
- 作为当代大学生，你认为应该在职业素养的哪些方面进行提升，才能够为实现中华民族的伟大复兴作出应有的贡献？
- 通过本章的学习，你最大的收获是什么？

第二章 职业能力

【本章学习目标】

- 明确职业能力的含义
- 了解职业能力的特点和意义及作用
- 理解职业能力的分类
- 知晓支撑职业能力的各类理论模型

【案例导入】

专业真的为王吗

【背景】

2020年，全国普通高校毕业生874万人。由于本科生考研比率逐年上升，就业周期已延后到大四下学期。部分考研落榜学生都把就业希望压在了春招上。突发新冠肺炎疫情以后，企业原定举行的线下现场招聘全部暂停，大部分用人单位将招聘转移到线上平台，一部分用人单位则直接取消招聘计划，毕业生就业压力陡然增大。2020年4月，广东某大工程有限公司来校招聘宣讲，薪酬福利优厚，招聘土木工程等专业毕业生。

【事件】

张同学、李同学、王同学都对该公司有较强的意向，并积极参加了现场招聘。张同学，土木工程专业，因为一直致力于考研，前期未对任何用人单位进行关注，也未做过求职准备。考研成绩不理想导致信心受挫，放弃了继续考研的想法，开始积极求职。张同学专业成绩一般,其中结构力学有挂科。同时,因为当初一门心思考研,为了节约时间,没有主动到相关施工单位去实习,也很少参加其他社会实践活动。李同学,土木工程专业,虽也经历了考研失败,但一直没有放弃求职准备。在考研准备之余,依然利用寒暑假到施工单位去实习,积累了丰富的实习经验,并积极参加桥模大赛和老师的研究项目。虽然考研也失败了,但专业成绩良好,无挂科。王同学,市场营销专业,没有考研,选修了第二专业土木工程,下定决心跨专业进入交通土建行业从事施工工作,为此一直努力学习土木专业知识,积极利用寒暑假时间到施工单位实习,参加各类社团活动,不断培养自己的团队合作精神、沟通协调能力、组织管理能力,并多次参加相关单位的求职面试,积累了丰富的求职面试经验。由于去该公司工作的意愿非常强烈,王同学对该公司做了全面且细致的了解,做好了充分的准备。因为专业对口,张同学、李同学顺利进入了面试。王同学利用宣讲会的机会通过向公司招聘经理主动自荐也获得了面试的机会。经过面试,张同学因为挂科且缺乏实践经验,面试表现不佳(沟通表达能力等不足)而被淘汰。李同学则因专业对口,成绩达标(无挂科),实习经验丰富而顺利签约。王同学尽管专业不对口,但由于选修了第二专业且学习成绩优秀,实习经验丰富,综合素质特别强,专业面试特别是压力面试表现出色,用人单位招聘经理非常满意,最后成功逆袭,顺利签约。

【分析】

(1)专业知识是求职择业的基础和敲门砖,代表一个人的学习能力;专业是否对口与专业成绩是否优秀是用人单位在招聘过程中筛选简历的关键,也是求职者进入面试的入场券,是做好本职工作的前提条件。因此,在大学与职场,任何时候专业知识的学习都不可放松。

(2)在具备了良好的专业知识的基础上,丰富的实践经验、熟练的专业技能是求职面试与职场适应的决定因素,是用人单位选才用才,特别是择优录取的决定性指标。

(3)综合能力,即可迁移能力(吃苦耐劳精神、团队合作精神、沟通协调能力、组织管理能力、抗压耐挫能力等)才是求职面试乃至职业生涯发展的制胜法宝,是用人单位最渴求、最关注、最欣赏的职业能力,更是个人职场提升的必备要素。

第一节　大学生职业能力概述

一、能力

关于"能力"一词,古书中多有述及,如《吕氏春秋・离俗览・适威》称:"民进则欲其赏,退则畏其罪,知其能力之不足也!"《史记》卷八十七《李斯列传》称:"上幸尽其能力,乃得至今。"

能力是指顺利完成某一活动所必需的心理条件,是直接影响活动效率,并使活动顺利完成的个性心理特征。能力总是和人完成一定的活动联系在一起,人的能力是在活动中形成、发展和表现出来的。比如在绘画活动中,一个学生在色彩鉴别、空间比例关系的估计等方面都很强,画得特别逼真,我们说他有绘画能力。在音乐活动中,一个学生的曲调感、节奏感和听觉表现都很强,歌声优雅动听,我们说他具有音乐能力。倘若一个人不参加某种活动,就难以确定他具备什么能力。离开了具体活动,既不能表现人的能力,也不能发展人的能力。能力影响活动的效果,能力的大小只有在活动中才能比较。比如,在其他条件(知识、技能、花费时间)相同的情况下,做数学运算时,甲比乙能更快地了解题意、采用简捷的方法、准确地进行计算,于是,我们说甲的数学能力强于乙。

但是影响活动效率的因素是多种多样的,在活动中表现出来的心理特征并不都是能力。例如,在解决数学难题时,如果一个人过于紧张,他的解题效率就会受到影响,但这种心理特征对解决问题的影响不是直接的,而是间接的,故不能称为能力;而观察的精准性、记忆的准确性、思维的敏捷性等则是完成任务所不可缺少的,这些心理品质就应该称作能力。

二、职业能力

(一) 职业能力的内涵

国际劳工大会指出,职业能力是劳动者获得和保持工作,在工作中进步,以及应对工作生活中出现的变化的能力。

职业能力综合了多种能力，并且是人们从事某种职业所必需的素质。职业能力包括三层含义：第一层是从事某种具体职业，胜任某一具体岗位所必须具备的能力；第二层是职业素质，也就是怎样做人、做事的能力，包括道德、态度、意志等内在素质以及在工作方式、职场上应注意的规则、常识等；第三层是职业管理能力，如职业规划与转换的能力。职业能力形成于个体工作、职业的发展变化中，体现于个体在职业生涯中不断实现自我。大学生职业能力是指大学生对于职业的自主选择能力与岗位保留能力以及在岗位上持续发展的能力。

（二）在高等教育阶段进行职业能力培训的意义和作用

1. 在高等教育阶段进行职业能力培训的意义

2020年突发的新冠肺炎疫情，对全球各国的经济发展造成较大冲击和影响，也深度调整了国际关系。党的十九届五中全会精神和二〇三五年远景目标中明确了“加快形成以国内大循环为主体、国内国际双循环相互促进的新发展格局”。

随着全球化的发展与国内经济转型的深化，以及国有经济的战略性大改组和结构大调整，传统毕业生就业主渠道吸纳能力增长率已经严重不足，尽管国家出台了很多促进大学生就业的政策，如鼓励高校毕业生到基层、到中西部地区就业；鼓励高校毕业生应征入伍，服义务兵役；积极聘用优秀毕业生参与国家和地方重大科研项目；鼓励高校和科研院所开发设立科研助理岗，吸纳毕业生做科研助理；鼓励和支持高校毕业生到中小企业就业和自主创业；强化对困难家庭高校毕业生的就业援助；等等。

从用人单位的需求来看，就业能力包括知识、能力和态度要素。具体而言，知识要素包括专业知识和非专业知识；能力要素包括思维能力、自我控制能力、管理能力、理解交流能力和操作能力等；态度要素包括个人特征、意志品质和职业素养等。然而，目前大部分高校的培养模式偏重于专业知识为主的专业教育，缺乏对于通用能力、职业素养等方面的教育，导致目前大学生就业能力相对欠缺，教育人才培养与就业市场人才需求之间存在较大差距。

因此，无论是解决大学牛自身的就业问题，还是我国跨越式发展的人才储备问题，都需要在高等教育阶段培养一大批既具有高素质、高技能又符合社会需求的大学生，充实我们的人力资源，而这一工作也将成为我国提高核心竞争力、加快自主创新、促进经济发展方式转变的重中之重。

2. 在高等教育阶段进行职业能力培训的作用

随着产业结构的迅速升级和科学技术的更新换代，组织内外部经营环境发生了剧烈变化，这种变化要求组织更加灵活、更加富有弹性、更加迅速地对环境做出及时高效的反应。这种不确定性给组织带来更高的经营难度，致使组织由传统的科层结构逐渐转向扁平化发展，就业人员终身制逐渐消失，也意味着求职人员难以再获取终身或长期就业的保障，一次就业将不复存在，更多地将是终生就业，并通过跨越组织内外边界，实现不同岗位和角色之间的流动。美国学者阿瑟（Arthur）和罗西奥（Rousseau）将这种现象称为“无边界职业生涯”（boundaryless career）❶。

随着时代的发展，经济环境、组织结构、职业需求都发生了深刻的变化，大学生作为支撑国家快速发展的重要人力资源保障，在步入职场前、进入职场后，也被提出了更高更新的要求：雇佣关系向“绩效和灵活的就业能力”转变，要适应；企业和组织强调“综合、可迁移”的技能，进入应聘阶段时要留意；由“个体”担负职业管理职责、个体职业生涯规划与组织发展越来越紧密，进入职场后要习惯；个人发展与“终身学习”密不可分，应随时注意。因此，在高等教育阶段对大学生进行职业能力培训有以下作用：

（1）帮助大学生做好求职准备。从用人单位反馈的信息中得出，“高校毕业生在工作岗位上普遍表现出职业能力不足的问题，学生对待工作缺乏敬业精神，对于专业领域的沟通与问题解决能力不足”。❷ 与其让大学生步入职场后，被用人单位诟病，不如在把他们输送进人力资源市场之前做好相关职业能力培训工作，帮助他们做好求职准备、树立求职信心和进入职场的勇气。

（2）弥合人才供需之间的鸿沟。目前，我国的高等教育依然偏重于理论知识教育层面，对于大学生的实习实践、职业能力与胜任力的培训重视不足。大学生满足不了用人单位的需求，形成了人才供需双方的矛盾。一方面是大学生无法就业，一方面是用人单位找不到合适的人才，中间缺失的恰恰是“职业能力”。尽管有人说，高等教育培养的是学生的价值观、理念、思维，但大学生毕业要面对的重要问题

---

❶ Arthur, M. B., Rousseau, D. M. The boundaryless career as a new employment principle[M]. New York: Oxford University Press, 1996: 3-20.

❷ 杜明义.职业胜任力为导向的人力资源管理专业大学生创新创业能力培养：基于 CBE 和 OBE 模式比较与借鉴[J].职教通讯，2019(18): 55-63.

之一就是就业，要接受人力资源市场的挑选。因此，在大学期间，对于有就业意向和规划的大学生提供职业能力的培训和提升，使得大学生毕业之后就具备用人单位需要的各项职业能力，能够适应工作岗位的需求。这样一来，大学生的价值会得到最大化的彰显，人才资源也能够得到最大化的开发和利用，更能够助力国家发展和推动社会进步。

（三）职业能力的分类

职业能力是个体将其所掌握的知识、技能、态度和其他通用关键能力在职业活动或情境中进行类化迁移与整合所形成的能胜任相应职业要求的各项能力的综合。

它应该包括以下三个关键要素：全面发展的目标意识、与具体职业要求相适应的知识和技能、与未来职业发展相匹配的其他关键能力。其中，全面发展的目标意识是指在充分了解自我、了解社会、了解人类发展的基础上，兼顾理想价值与现实价值、物质价值与精神价值、个人价值与社会价值，坚定地树立为每个人的自由全面发展和人类的幸福而努力奋斗的目标。与具体职业要求相适应的知识和技能是指要扎实掌握特定职业领域的理论知识，具有一定的知识宽度与广度，并通过丰富的实践活动提升自己的实践技能，而且要养成终身学习与实践的观念，有意识地进行知识与技能的更新，保持知识与技能的与时俱进。与未来职业发展相匹配的其他关键能力是指在职业发展全过程中，随着外部环境和个体自身的情况不断变化，要不断重复“监控、修正、执行、评价”的循环，不断提升自我的规划与发展能力。

据此，职业能力被分为三类：职业技能、职业通用能力、规划与发展能力。

1. 职业技能

在对职业素养进行阐释的时候，我们认为职业技能是职业素养的一个重要组成部分。所以在对职业素养进行分类的时候，我们把职业技能划入了显性的职业素养的类别。

职业技能，是指在职业分类的基础上，根据职业的活动内容，对从业人员工作能力水平的规范性要求。它是从业人员从事职业活动，接受职业教育培训和职业技能鉴定的主要依据，也是衡量劳动者从业资格和能力的重要尺度。

大学生所需要的职业技能，是指大学生进入职场就业时所需的技术和能力。大学生是否具备良好的职业技能是能否顺利就业的前提。我们常说的技能型人才，是坚持以能力培养为主，以市场需求为导向，突出培养人才的核心能力，注重与人力资源市场需求和用人单位的对接，强调理论与应用结合、实践与创新结合的综合型人才类型。

职业技能是与特定的职业和岗位相对应的，是指对照该职业和岗位所需的专业基础知识、实践能力和技术技巧。职业技能又包含基础职业技能和专业职业技能。基础职业技能是指完成某一指定专门业务工作的基础技能，技能的高低以辅助完成专业任务的情况来衡量，包括语言表达、公文拟写、信息检索与处理、英语水平、计算机应用、数字运算、数据分析、报告撰写等。专业职业技能是指完成某一指定专门业务工作的更高阶技能，技能的高低以完成该任务的质量（准确性）与效果来衡量，是高级水平区别于一般水平的指标。例如，初级人力资源管理师与高级人力资源管理师的区别，二级建造师与一级建造师的区别，二级翻译与一级翻译的区别，等等。

【拓展阅读】

《国家中长期教育改革和发展规划纲要（2010—2020年）》节选

坚持能力为重。优化知识结构，丰富社会实践，强化能力培养。着力提高学生的学习能力、实践能力、创新能力，教育学生学会知识技能，学会动手动脑，学会生存生活，学会做人做事，促进学生主动适应社会，开创美好未来。

坚持全面发展。全面加强和改进德育、智育、体育、美育、劳育。坚持文化知识学习与思想品德修养的统一、理论学习与社会实践的统一、全面发展与个性发展的统一。加强体育，牢固树立健康第一的思想，确保学生的体育课程和课余活动实践，提高体育教学质量；加强心理健康教育，促进学生身心健康、体魄强健、意志坚强；加强美育，培养学生良好的审美情趣和人文素养；加强劳动教育，培养学生热爱劳动、热爱劳动人民的情感。重视安全教育、生命教育、国防教育、可持续发展教育。促进德育、智育、体育、美育有机融合，提高学生综合素质，使学生成为德智体美全面发展的社会主义建设者和接班人。

2. 职业通用能力

职业通用能力是指任何职业、行业工作都需要的具有普遍适用性且在职业活动中起支配和主导作用的技能。它是伴随终身的可持续发展的能力,是职业能力的重要组成部分。它是人们职业生涯中除岗位专业能力之外的基本能力,适用于各种职业。具备良好的通用能力,学生更能适应就业需要,在变化了的环境中获得新的职业技能和知识。

职业通用能力具有以下几种特性:①可迁移性——这种通用能力是可以随着环境的变化,实现从原有的环境中向新的环境迁移。②普适性——通用能力可以让你在任何新的环境中发挥作用,帮助你获得新的职业技能和知识。③持久性——通用能力一旦具备就会永久贯穿于其职业生涯。④价值性——通用能力是职业适应性的一种体现,也是人力资源价值的体现。⑤复合性——通用能力是人力资源综合品质的体现,而不是单一的某一项技能。⑥难以模仿性——通用能力是一种隐形的、内化的综合品质,不易模仿。

3. 规划与发展能力

规划与发展能力是形成于个体工作、职业的发展变化中,体现于个体职业生涯中不断实现自我。拥有规划与发展能力的大学生,对进入职场后的工作充满期待,且在不同的职业发展阶段能够很好地结合自己的职业情况,对未来进行科学合理的规划,保证自己始终处于动力期。通过学习和培训,不断提升自己的职业技能和职业通用能力;能够拥抱变化,足以用跨界的好奇心应对职业倦怠对职业热情的削减。

第二节　大学生职业能力模型构建

一、相关理论

(一)职业兴趣理论

19世纪60年代,美国学者霍兰德(John Holland)提出了职业兴趣理论。霍兰德认为劳动者在规划自己未来职业的发展路径时应该与自身所处的职业环境相适应,否则劳动者的能力就无法得到最大限度的发挥。霍兰德职业兴趣理论可以从以下两方面加以理解:第一,人们的人格特征可以通过职业选择显现出来,而劳动

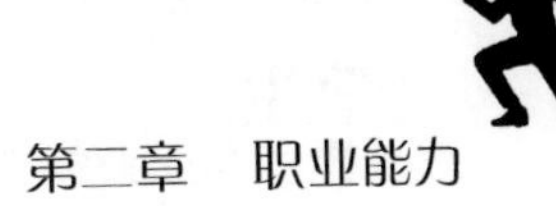

者的职业满意度、职业稳定性以及所取得成就的大小在很大程度上取决于个人的人格特征与自身所处的职业环境的匹配度。第二,可以根据人们的人格特征与就业选择关系,把劳动者分为六种兴趣类型,如图 2-1 所示。这六种兴趣类型与对应的职业按固定顺序排成一个规则的六边形。相连的线越短,表示相关性越高。相关性越高,表示人们对于职业的满意度越高。也就是说,要使人们的能力得到最大限度的发挥,就需要人们与所处职业环境相适应。

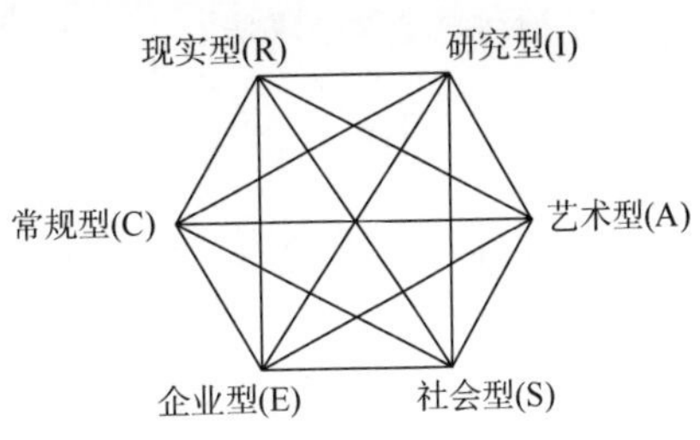

图 2-1　霍兰德六种兴趣类型

(二)学习理论

20 世纪中期,美国学者罗杰斯(C.R.Rogers)提出并发展了人本主义心理学,强调要重视让学生自由地去选择自身的发展方向和路径,创造学生和教师之间的平等的对话与感情交流,强调让学生真正地学会学习,掌握有效学习的方法,而不是简单机械地重复。人本主义学习理论包括以下几方面:①学习是一种过程性活动,并且这一活动应该具有一定的意义。学习的过程是学习者主动探索自己的发展道路,自觉提升自己各方面能力。在这一过程中,学生可以积极规划自己的发展路径和目标。②人类具有自我认知的倾向和自我学习的内在潜能。在学习过程中,学生应该成为一个有目的并且能够选择和塑造自己未来路径的个体,在学习的过程中充实自我。③学习内容要有利于学生各方面能力的提升。学生学习的内容不仅要使学生的知识技能得到提升,更要使学生的其他各方面即综合素质得到有效发展。④教给学生富有成效的学习方法。让学生学会分析问题,在实践活动中学会学习,掌握如何去学习,领悟学习方法是帮助学生掌握学习规律的有效方法。

(三)自我管理理论

美国克莱蒙特研究生大学教授、现代管理学之父彼得·德鲁克(Peter F·Drucker)提出自我管理应具备七项基本因素:行动、方法、目标、健康、心理、信息、潜能。如图 2-2 所示,这七项基本因素按照重要程度依次在自我管理方格中排列:内层方格中的五项因素是个人应具备的基本要素,渐次向外的方格乃是利用信息

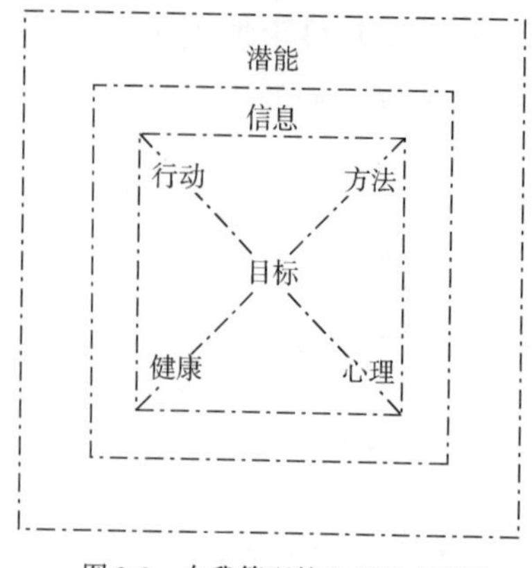

图 2-2　自我管理的七项基本要素

与潜能来丰富、充实个人的生活领域。各项自我管理因素的定义如下：行动——一切事物或计划，必须实际去做，并切实完成。方法——处理人、事、物的方法和技巧。目标——制定自己未来的发展方向和想要达到的状态。健康——健康的身体是一切的根本。心理——保持自己的良好心理特征。信息——获取有效信息。潜能——一种通过训练和培养就能获得的能力。每个人的发展方向和所关注的焦点不尽相同，因而对于这些因素的应用也有所差异。根据个人最熟悉的方式与理念将这些因素相结合，可以让自我管理更能发挥其功效。有效地运用自我管理时要注意：首先通过学生个人选择自己发展的路径后，观察自己的工作、记录自己的行为和评价自己的成绩。最后，选择和执行强化。❶

（四）胜任力理论

“胜任力”在《美国传统英语词典》中的含义是“具备或完全具备某种资质的状态或者品质”。20 世纪 90 年代，麦克利兰回顾过去胜任力理论的发展，将此词汇的定义总结为“胜任力可以是动机、特质、自我概念、态度和价值观、具体知识、认知或行为技能，也就是可以被准确测量或计算的某些特性，这些特性能够很明确地区别出优秀绩效执行者和一般绩效执行者，或者说能够很明确地区别出高效率的绩效执行者和低效率的绩效执行者”。总体来说，胜任力是指个体所具备的、能够以之在某个或某些具体职位上长期取得优秀绩效表现的内在的稳定特征或特点，以及该领域所应备的一般技能和特殊能力，包括技能、知识和态度、思考方式和思维方式内驱力、社会动机自我意识等具体组合。

胜任力一般有三个特点：①与员工所在工作岗位的情形紧密联系，即会在很大程度上受到工作环境、工作条件以及岗位特征的影响。②与员工的工作绩效有密切的关系，可以预测员工未来的工作绩效。③能够区分组织中的绩效优秀者与绩效一般者，即优秀员工与一般员工在胜任力上会表现出显著性的差异。组织可以

❶ 刘静.基于就业力的大学生职业能力开发研究[D].西安：陕西科技大学，2012.

将胜任力指标作为员工招聘、考评以及提升的主要依据之一。

二、大学生职业能力模型

按照“职业选择理论”，人所具备的特质和岗位要求的胜任特征越契合，就越能在岗位上干出成绩，并且获得职业成就感。于是，企业单位在进行人才招募时，都会以“人职匹配”理论作为基本理念。基于此，大学生职业能力模型的底层应该是与职业匹配的职业技能。同时，按照“人本主义学习理论”，所有的技能和能力都是可以通过主观学习获得的。作为一个能被职场认可的人，除了能够应对本职岗位需要的专业技能外，还需要在职场上处理其他的相关事务，如与其他部门的协调、与其他岗位的同事沟通、处理突发事件等。因此，大学生职业能力模型的第二层是需要有可迁移到其他岗位上的职场通用能力。按照“自我管理理论”，进入职场后，对于个人而言，还需要有不断的职业发展和个人成长，以保证永续不断的职业热情，因此大学生职业能力模型的第三层是能为未来规划与发展的能力（图2-3、表2-1）。

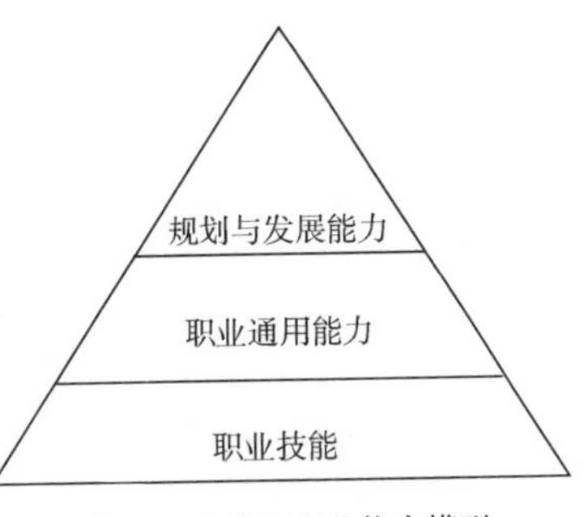

图 2-3　大学生职业能力模型

职业能力　　表 2-1

职业能力模型	维　度	内涵释义
职业技能	语言技能	指能适用于一般岗位的听、说、读、写等基本语言技术
	计算机技能	指能适用于一般岗位的计算机能力，通常是能够熟练运用 Office 系列软件，以及简单的音频、视频剪辑等相关技巧
	写作技能	指能适用于一般岗位的公文拟写以及其他 PPT 编制、报告编写等写作技巧
	信息检索与处理技能	指能适用于一般岗位的搜索有用信息并能及时处理的技术和能力
	数据分析技能	指能适用于一般岗位的公文书写技术和技巧
	与岗位匹配的专业技能	指与专门的岗位对应的其他专业技能

续上表

职业能力模型	维　　度	内 涵 释 义
职业通用能力	学习能力	附后
	团队合作能力	
	人际交往能力	
	执行力	
	问题发现和解决能力	
	组织能力	
	分析判断能力	
	沟通能力	
	情绪管理能力	
规划与发展能力	意志力	附后
	自主发展力	
	内驱力	
	创新能力	

附：

学习能力，是指个体从事学习活动所需具备的心理特征。它是顺利完成学习活动的各种能力的组合，包括感知观察能力、记忆能力、阅读能力等。

团队合作能力，是指建立在团队的基础之上，发挥团队精神、互补互助以达到团队最大工作效率的能力。对于团队的成员来说，不仅要有个人能力，而且需要有在不同的位置上各尽所能、与其他成员协调合作的能力。

人际交往能力，是指妥善处理组织内外关系的能力，包括与周围建立广泛联系和对外界信息的接收、转化能力以及正确处理与上级、同事和下属等上下左右关系的能力，包括语言表达能力、倾听能力、交友能力、观察能力、共情能力及人际融合能力。

执行力，指的是贯彻战略意图，完成预定目标的操作能力。它是每一单个的人把上级的命令和想法变成行动，把行动变成结果，按时完成任务的能力。

问题发现和解决能力，指的是能够在不同的工作情境中识别不同的问题，并运用相应的新旧知识和经验来解决发现的问题的能力。

组织能力，是指个人按照既定目标任务和决策要求进行统筹安排，把各种资源有效地整合起来，协调一致地保证战略规划顺利实施的能力。它包括统筹规划、计划制订、协调关系、整合资源等多种能力。

分析判断能力，是指人对事物进行剖析、分辨，单独进行观察和研究的能力，包括研究能力、分析能力和决策能力等。分析判断能力较强的人，往往术业有专攻，技能有专长，在自己擅长的领域里，有着独到的成就和见解，并能达到常人所难以达到的境界。

沟通能力，是指一个人与他人有效地进行信息交流、互通有无的能力，包括外在技巧和内在动因。其中，恰如其分和沟通效益是人们判断沟通能力的基本尺度。恰如其分，指沟通行为符合沟通情境和相互关系的标准或期望；沟通效益，则指沟通活动在功能上达到了预期目标，或者满足了沟通者的需要。

情绪管理能力，是指对自身情绪和对他人情绪的认识、协调、引导、互动和控制，充分挖掘和培养自身的情绪智商，培养驾驭情绪的能力，从而确保个体和群体保持良好的情绪状态，并由此产生良好的业绩效果。

意志力，是指一个人自觉地确定目的，并根据目的来支配、调节自己的行动，克服各种困难，从而实现目的的品质。

自主发展能力，是指个体发挥主观能动性、调动积极性、培养自觉性，动态地适应环境的要求。自我发展的个体具有较强的自我发展的意识和动力，激励自我发展，通过自我设计、实施自我发展计划等实现自主发展的目的。自我发展能力是一套向前驱动的能力，是一种动态适应环境的表现。大学生的自主发展能力包括持续学习、自我管理、自我规划、成就动机等。

内驱力，是指在需要的基础上产生的一种内部唤醒状态或紧张状态，表现为推动有机体活动以达到满足需要的内部动力。简单来说，内驱力就是个体在环境和自我交流的过程中产生的，具有驱动效应的，给个体以积极暗示的生物信号。其实质是一种无意识力量，源于最原始的，积累了整个历史经验的心理体验在人脑中的反映。

创新能力，是指个体将个人专业知识和技术运用在各种实践活动领域，不断提供具有经济价值、社会价值、生态价值的新思想、新理论、新方法和新发明的能力。

【实训活动】

一、请结合课程中对职业能力的概述和自己对大学生职业能力模型的理解，选择几个自己最想进入的行业和职业，结合行业和职业的要求，写下你认为应该具备的职业能力，以及如何获得这些职业能力。

__________的职业能力提升日志

<table>
<tr><td rowspan="9">行业-职业
(　　　　)</td><td>职业技能</td><td>通用职业能力</td><td>规划与发展能力</td></tr>
<tr><td></td><td></td><td></td></tr>
<tr><td></td><td></td><td></td></tr>
<tr><td>获取方式</td><td>获取方式</td><td>获取方式</td></tr>
<tr><td></td><td></td><td></td></tr>
<tr><td></td><td></td><td></td></tr>
<tr><td>实施路径</td><td>实施路径</td><td>实施路径</td></tr>
<tr><td></td><td></td><td></td></tr>
<tr><td></td><td></td><td></td></tr>
</table>

二、**案例**:A 公司是一个在“新媒体时代”崛起的内容制造商,作为才进公司的文案写手,你被分配到的任务是“用时下最流行的形式拟写一个关于商业综合体招商的文案”。请问,如果你要完成这项任务,需要调用哪些职业能力?结合自己的情况分析,这些职业能力的提升可以来自哪些平时的实践活动,并制订相应提升计划。

答案:

(1)基础技能。写作技能——对文案编写的基础技巧;数据分析技能——同类公司相同招商文案的比对和分析;信息检索与处理技能——通过一些专业类App和公众号寻找有用信息,并转化成自己的创意和撰写思路。

(2)职业通用能力。团队协作能力——要去跟团队其他成员进行及时的沟通,懂得分解任务,明确自己的任务,同时明确自己的任务会对哪些团队其他成员的工作造成推进影响,自己应该如何配合,并准确把握各个时间节点;执行力——坚决执行撰写招商文案这一任务,不拖延、不推诿;学习能力——对市面上已经出现的、被业内看好的文案进行深入学习,掌握创作思路、创作逻辑和写作文风。

三、活动设计——职业能力地图:请结合你自己的专业,绘制一张职业能力地图。与小组成员分工合作,以两个月时间为限,根据自己参加的社团活动或者企业实践,有意识地去梳理你的哪些能力得到了提升,提升过程中有哪些心得,与小组成员分享并思考如何将这些能力运用到实际工作中。

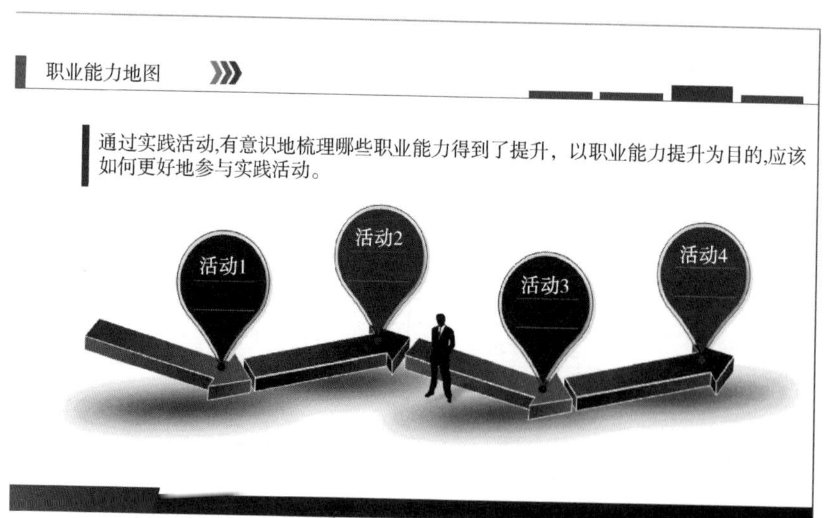

心得分享：

四、结合你已经参加过的各类实践活动，梳理一下你的哪些能力得到了提升。结合你的职业目标，明确还要提升哪些能力，应该再参加哪些实践活动。填写下表。

实践活动	活动内容描述(STAR 法则)	能力提升	匹配职位
1.志愿者服务活动	××年×月，作为××市第二届智博会××展区志愿者，为展区的产品进行简单组装，深入了解了展品结构、参数，也学会了如何对参观者进行讲解和推荐	1.阅读技术参数并深入理解的能力； 2.逻辑思维能力； 3.沟通能力； 4.人际交往能力	1.设计研究院所的策划岗位 2.西部志愿者 3.…… 4.……
2.			
3.			

【课后作业】

- 什么是职业能力？职业能力是如何分类的？
- 大学生在求学期间提升职业能力的意义和作用有哪些？
- 作为当代大学生，你是如何理解“工匠精神”和“劳模精神”的？你认为要具有以上两种精神，除了在思想品德上有提升外，还应在职业能力上做好哪些准备？
- 通过本章的学习，你最大的收获是什么？

中篇 职业测评工具简介

同样，禀赋最优良的，精力最旺盛的，最可能有所成就的人，如果经过教育学会了他们应当怎样做人的话，就能成为最优良、最有用的人，因为他们能够做出极多、极大的业绩来；但如果没有受过教育而不学无术的话，那他们就会成为最不好、最有害的人，因为由于不知应该选择做什么，就往往会插手于一些罪恶的事情，而且由于狂傲激烈，禀性倔强，难受约束，就会做出很多很大的坏事来。

——〔古希腊〕苏格拉底

第三章　职业测评概述

【本章学习目标】

- 明确职业测评的发展历史
- 了解不同类型职业测评的理论

【案例导入】

抉择之惑

【背景】

张同学是某高校大三的学生，在职业选择方面十分困惑。她的专业是给排水工程，但是她对教育培训行业很感兴趣。她喜欢英语，想做一名培训机构的英语教师，但是工科出身的她，英语成绩并不是很优秀。老师和同学劝她把精力放在专业学习上，因为给排水专业就业率比较高，能够获得一份比较稳定的收入。张同学觉得教师和本专业工作都是她能够接受的工作，但是她不知道究竟哪个职业适合自己。

【事件】

张同学不知道如何在成为教师和从事给排水专业相关工作之间抉择，这涉及职业兴趣问题，即自己想要干什么。在生涯规划中，首先要清楚定位，必须要清楚自己的兴趣是什么。研究表明，兴趣与工作满意度、职业稳定性和职业成就感之间存在明显的关系。越有兴趣的事情，满意度就会越高，对这件事情的持久性就会越稳定，成就感也就越大。如果怀着兴趣从事某种工作，能发挥全部才能的80%以上，并且工作时有创造性、主动性，不易疲劳，效率高。相反，如果从事没有兴趣的工作,这种工作在心理上便会成为一种负担,只能发挥全部才能的20%~30%,在工作时会比较被动,而且态度十分消极,工作效率低,无精打采,业绩平平,无所作为。因此,老师建议张同学做霍兰德职业兴趣量表。

霍兰德的理论体系认为:某一类型的职业通常会吸引具有相同人格特质的人,而具有相同人格特质的人对许多生活事件的反应模式也是相似的。他们创造了具有某一特色的生活环境,也包括工作环境。霍兰德认为,在同等条件下,人和环境的适配性或一致性将增加个体的工作满意度、职业稳定性和职业成就感。大多数人的人格特质可以归纳为六种类型。工作环境也有六种类型,其名称及性质与人格类型的分类一致,分别是研究型(I)、艺术型(A)、社会型(S)、企业型(E)、常规型(C)和现实型(R)。张同学在老师的指导下做了霍兰德职业兴趣量表,她的代码是SRC。从前两个代码S和R来看,它们在六边形中属于相对关系,兴趣类型和职业环境差别比较大。S型的人,热情、友善,有社交和建立关系的能力,对人慷慨;喜欢帮助他人解决问题,喜欢和大家在一起工作;不喜欢从事需要技术、体力的工作;不爱竞争,喜欢团队和交友;R型的人,情绪稳定,有耐心,踏实直率;喜欢动手操作,对机械、工具和农林牧副渔等实际对象有兴趣;喜欢实际的工作,不喜欢多言;相对于群体工作,更喜欢独自做事。

通过测试,张同学自己也表示,其实S和R两种职业环境她都比较感兴趣,正好也印证了她的困惑:教师和给排水专业相关工作如何抉择。为了进一步抉择,老师建议她进行WVI职业价值观测试量表。职业价值观是一种具有明确目的性、自觉性和坚定性的职业选择的态度和行为,对一个人职业目标和择业动机起着决定性的作用。可以说,价值观是人们选择背后看不见的那只手。WVI职业价值观测试量表是美国心理学家舒伯(D. Super)于1970年编制的,用来衡量价值观——工作中和工作以外的——以及激励人们工作的目标。量表将职业价值观分为三个维度:一是内在价值观,即与职业本身性质有关的因素;二是外在价值观,即与职业性质有关的外部因素;三是外在报酬。共计13个因素:利他主义、美的追求、智力刺激、成就感、独立性、社会地位、管理权力、经济报酬、社会关系、安全稳定、舒适环境、人际关系、变异性或追求新意。

张同学的职业价值观测试,得分较高的有4项,分别是利他主义、成就感、社会地位、人际关系。得分最低的3项是美的追求、管理权力和经济报酬。这说明,张同学看重工作的目的和价值,在于直接为大众的幸福和利益尽一份力。同时,她认

同工作在于不断创新,不断取得成就。她认同的职业必须在人们心中有较高的社会地位,能使自己得到人的重视和尊敬,同时,和谐、愉快、自然的工作环境能带给她极大的满足,不喜欢竞争激烈的环境。得分最低的3项,说明她不喜欢支配和指挥他人,对审美和报酬都不太看重。

【分析】

面临职业生涯困惑的时候,使用科学的职业测评工具,从知己开始,澄清内心最深处的职业价值观后,张同学自己也豁然开朗,显然教师这一职业更加适合她,也符合她的价值观。她接下来将制订一系列计划,为成为一名教师而努力。

第一节　职业测评的概念和发展历程

一、职业测评的概念

职业测评是心理测验的一个分支,它以心理测量为基础,在职业管理领域被广泛应用,它从被测试者的个人能力水平及倾向、个性特征、优缺点以及适合的岗位特质进行深入分析。对人的素质进行科学、客观、标准的系统评价,从而为组织和个体两个层面的职业管理提供参考依据。

职业测评可分为标准化测评和非标准化测评。标准化测评指测评的编制、实施、计分和测验分数的解释遵循严格统一的科学程序,施测的内容、条件、计分过程、解释对所有人都完全相同,从而保证测验的客观性和标准性,主要是一些关于职业兴趣、价值观、人格以及技能等方面的测评。非标准化测评指职业测评要根据个体的独特性及职位素质要求的多样化,对个体采用丰富的测评组合方式的测评,如分类卡、发展清单、360°评估以及访谈等手段和工具。

二、职业测评的发展历程

(一)职业测评在国外的发展历程

职业测评的思想源远流长,早在公元前4世纪,柏拉图(Plato)就在其名著《理想国》中提出“没有两个人生来是完全相同的,他们可能在某些自然特征上就有所区别,一个人适合做这个工作,而另外一个人适合另外一个工作”。

1879 年,德国心理学家冯特(W. Wundt)在莱比锡大学成立了世界上第一个心理实验室,开始对个体差异进行研究,这就是人才评价的雏形。心理测验从此开始走进人们的生活。1905 年,法国心理学家比奈(Binet)与其助手西蒙(Simon)合作,完成了世界上第一个智力测验——“比奈-西蒙智力量表”,开创了现代职业测评的先河。此后,心理测验被公认为鉴别个体差异的有效工具。

第一次世界大战后,心理学家根据社会的实际需求,开始编制各种职业能力倾向测验,包括音乐、文书、机械和艺术等方面的特殊能力倾向测验,美国学者斯特朗(E.K.Strong)于 1927 年编制出了世界上第一个职业兴趣测评“斯特朗男性职业兴趣量表”❶。

到了 20 世纪 40—50 年代,基于个体之间在个性方面存在本质的差异和工作具有不同类型特点的假设,心理测量学家们开始在实践中评价求职者的“岗位适合度”。这个时期,职业测评主要运用的是心理测验手段。

20 世纪 60 年代以后,各种评价技术纷纷出现,由于评价中心的有效性较高,此技术很快成为西方评价各层管理人员的主要技术工具,心理测验一枝独秀的局面被打破。但这一时期仍出现了一些著名的心理测验问卷,如埃森克人格问卷(Eysenck Personality Questionnaire,EPQ)。西方社会对人才的测评理论与方法研究,除了用于绩效、效率评价外,主要是针对人才选拔。在美国,职业测评广泛应用于企业界,许多大企业都相继制定了适合自己企业的人才评价工具和程序,许多公司在人才招聘、重大人事变动、企业并购中都大量采用人才测评技术;在欧洲,一些大型集团公司也专门聘用心理学专业人才专门从事人才筛选、招募、选拔、培养等人才测评工作。

在职业选择方面,职业测评工具开始关注职业选择受个人的特征和环境所影响的程度。施通普夫(Stumpf)、科拉雷利(Colarelli)和哈特曼(Hartman)提出了职业开发模型,指出影响职业开发的三个因素:个人信念(手段和偏好)、开发过程和对职业开发的调整。他们认为这三个因素互相影响,导致了每个个体独一无二的职业开发经验。❷

---

❶ 寸晓刚.中国人职业个性测量工具(CVPS)的建构研究[D].广州:暨南大学,2003,4:5-14.

❷ Stumf,C. A, Colarelli, S. M, Hartman, K. Development of the career Exploration Surve[J]. Journal of Vocational Behavior,1983(22):191-226.

结合心理测验和职业规划及发展研究,心理学专家和职业指导专家一致认为职业发展初期的选择很重要,如果在14~24岁这个时期尚且没有完成职业定位,那么在进入职场后,会由于人职不匹配、能力储备欠缺、优势无法体现等各方面因素,经历更多的挫折和面对更多的困难。因此,他们对大学生进行了一系列研究,主要集中在:性格因素对职业选择的影响,影响大学生职业选择的因素和障碍,兴趣与职业选择的关系,潜能与能力开发的关系等。

(二)职业测评在我国的发展历程

我国的近代心理测验始于1914年的广东,当时测验了500名儿童的记忆和比喻能力。1920年,儿童心理学家陈鹤琴等,在南京进行实地测验,自编了智力测量量表,并于1921年出版了《智力测验法》一书;1924年,心理学家陆志韦发表了修订的比奈-西蒙量表,职业测评在我国起步了。1916年,时任清华大学校长周寄梅首先将心理测试的手段应用在大学生选择职业中,象征着职业测评在我国大学生职业指导中的应用开始建立。

职业测评是学生确定职业目标、充分了解自我的良好工具和手段。目前,职业测评已成为高校提高就业指导工作专业性和系统性的重要手段。高校必须从大学生入校开始就进行职业生涯规划指导,以利于大学生的全面发展。因此,很多高校从大学生入校时就主动引导学生使用职业测评系统,在大一时就让学生增强就业意识。在测评过程中,大学生仅需根据自己的真实感受作答,由相关人员对其职业倾向、素质状况、性格特征等进行评价,帮助他们准确认识自己。

目前,国内外职业咨询过程中能够运用的测评工具有上百种,包括兴趣、性向和能力测验,人格和价值观量表、环境评估、状态与特质测量、调查表格、卡片分类、计算机测评系统等。

第二节　职业测评理论

科学的职业测评,是进行正确自我认知的开始和基础。通过对个体的职业价值观、职业兴趣、职业人格等方面进行的系统性测评,可以帮助个体全方位地认知自己,同时帮助个体确定其职业适应性,在实际工作中实现人职匹配,这对组织合理选拔人才和对个体职业生涯发展都具有十分重要的意义。

职业测评通过几十年的发展，在不同理论的支撑下，已经有了相对成熟的体系，其工具价值得到了彰显。接下来，我们将对西方职业测评理论进行梳理和综述，帮助大家更加系统、深入地了解职业测评。

一、职业价值观理论

价值观是个体区分是非、好坏、美丑、损益等的评价观念系统，职业价值观是人的价值观在职业选择上的反映。职业价值观是人们依据自身的需要对待职业、职业行为和职业收获的比较稳定的具有动力作用的一套信念系统。主要观点有以下几种。

1. 斯普兰格(Spranger)六类型价值观

①理论型：这种人表现为乐于发现事物之间的一致性和差异性，具有实验的、批判的和理性的爱好。②经济型：这种人强调事物的实用性，凡事以有效与实惠为尺度。③审美型：这种人总是从形式与和谐中寻求最高价值，以文雅、优美、对称和恰当去判断每一种经验。④社会型：这种人的特征是利他与仁慈，在社会实际生活中往往表现出宽容、富于同情心和无私等品德。⑤政治型：这种人热衷于个人权利、影响力和声望。他们在政治以外的领域中活动，也希望通过竞争、奋斗来获得名誉与地位。⑥宗教型：这是一种理想信念主义者。工作与生活总是以自己的信仰与理想为准则。

2. 格雷夫斯(Graves)七等级价值观

①反应型：这种人只是追求自己的基本生理需求满足，不考虑其他人与周围环境条件。②忠诚型：这种人喜欢按部就班地看问题、做工作，好依赖，服从习惯与权势，喜欢友好而专制的监督方式和家庭似的和睦集体。③自我中心型：这种人粗犷，富有闯劲，为了得到自己想得到的东西，愿意做任何工作。④顺从型：这种人的特征是忠诚努力，尽职尽责，勤勤恳恳，谨小慎微，鼓励任务明确的工作，重视安全和公平的监督方式。⑤权术型：这种人重视现实，好活动，有目标，追求功利，喜欢玩弄权术，乐于奉承有“奔头”的上级。⑥社交中心型：这种人重视工作集体的和谐，喜欢平等的人际关系，把善于与人相处和被人喜爱看得重于自己的发展。⑦价值主义型：这种人喜欢自由和创造性地工作，喜欢灵活的职务，重视挑战性的工作

和学习成长的机会，把金钱和晋升看作次要的。

3. 米尔顿·罗克奇的终极价值观和工具价值观

美国社会心理学家米尔顿·罗克奇(Milton Rokeach)认为，价值观有两种类型，分别是终极价值观和工具价值观。终极价值观指的是一种期望存在的终极状态，它是一个人希望通过一生来实现的目标；工具价值观指的是偏爱的行为方式或者实现终极价值观的手段。

4. 施恩的职业锚理论

职业锚的概念最初产生于美国麻省理工学院斯隆管理学院的专门研究小组，美国著名职业指导专家施恩(Edgar H.Schein)根据自己对麻省理工学院毕业生的研究，提出了以下五种职业锚：技术型、管理型、安全型、自主型和创造型。自1992年以后，斯隆管理学院将职业锚拓展为八种锚位，增加了服务定位、身份定位和多样性定位。职业锚理论对于组织的职业生涯规划和员工选聘都可起到指导作用。

5. 塞普尔的职业价值观

美国职业心理学家塞普尔(D.E.Super)认为职业价值观分为15项指标：同事关系、成就感、智力刺激、经济报酬、生活方式、创造性、安全感、利他主义、声望、工作环境、监督关系、独立性、美感、变动性、管理。他认为，人们对社会间各种职业和从事这种职业所形成的生活方式有三方面的需要：即满足生活的需要，满足社会人际关系的需要和满足劳动的各种活动的需要。在此基础上，社会具有三类十五种职业价值尺度：一是内在职业价值，是指与职业本身性质有关的价值，如利他主义、独立性、创造性、智力激发、美感、成就和管理；二是外在职业价值，是指与职业本身性质无关的价值，如工作环境、同事关系、监督关系和变动性；三是外在报酬，包括安全性、声誉、经济报酬和职业所带来的生活方式等。这些衡量职业条件的价值尺度既以人的主体需要为前提，又结合并渗透了职业活动的特点，因此基本上反映了职业需要的各个方面。

二、职业兴趣测评理论

1. 霍兰德职业兴趣类型理论

美国心理学家和职业指导专家霍兰德根据他本人大量的职业咨询经验，提出了现实型、研究型、企业型、社会型、艺术型和传统型六大职业兴趣类型。

（1）现实型。这类人具有直率、随和、重实践、节俭、稳重和不爱社交等人格特点。喜欢从事有规则的具体劳动和需要基本操作的工作，如一般劳工、技工、修理工、制图员和机械装配等。

（2）研究型。这类人具有好奇、善于分析、聪明、理性、富有理解力和批判力等人格特征。喜欢从事智力的、抽象的、分析的、独立定向的工作，如自然科学研究、教师、工程师等。

（3）企业型。这类人具有外向、乐观、爱社交、好冒险、有野心、独断、支配、自信等人格特征。喜欢从事企业经理、政府官员、销售员等工作。

（4）社会型。这类人具有爱好社交、合作、友善、慷慨、乐于助人、善言谈等人格特征。喜欢从事社会工作，如教师、咨询、公关和护士等。

（5）艺术型。这类人具有感情丰富、想象力强、好冲动、相信直觉、富有创造性、不重实际等人格特点。喜欢从事文学创作、美术、音乐、舞蹈、演员、导演、艺术设计、文艺评论等工作。

（6）传统型。这类人具有务实、顺从、稳重、谨慎、保守、有条理、随和、友好、拘谨等人格特征。喜欢从事工作程序较明确的工作，如秘书、办公室人员、会计、行政助理、图书管理员、出纳、统计员、交通管理员等。

霍兰德认为，在职业指导时，首先应该通过测评确定个体的职业兴趣类型，然后寻找与之相匹配的职业。

2. 罗伊的职业兴趣类型

美国临床心理学家罗伊（Anne Roe）将各种职业分为八类：艺术类、服务类、商业类、组织类、技术类、户外类、科学类、传统类。罗伊通过对物理学家、生物学家和社会学家的人格进行研究，发现这些科学家对人及对物的兴趣有明显的差异。对物有强烈兴趣的个体往往喜欢从事科学研究、户外工作和技术等职业。对人有强烈兴趣的个体往往倾向于选择文化、艺术、服务和商业等工作环境。

罗伊强调这些取向的差别来源于幼年时的家庭气氛及亲子关系。生活在温暖、爱、接纳和保护的家庭环境中的人会选择与人有关的职业。生活在冷漠、忽视、拒绝或适度要求的家庭环境中的人会选择与物有关的职业。1969 年，罗伊提出了职业选择的三维圆锥模型。第一个维度（从左至右），表示人际关系取向到自然现象取向。第二个维度（由近及远），表示从资源利用取向到有目的的沟通取向。第三个维度垂直（从下到上），表示职业所需技术的水平由低到高。罗伊的三维圆锥模型对职业兴趣问卷的编制有重要影响。

3. 蒂莫西·巴特勒和詹姆士·沃尔德罗的职业兴趣类型

哈佛商学院心理学博士蒂莫西·巴特勒(Timothy Butler)和詹姆士·沃尔德罗(James Waldroop)经过研究,形成了他们的评估工具——"职业兴趣目录",将职业兴趣分为三类八种:①对专门技术应用的兴趣技术应用:对事物的内部运行情况的兴趣,对利用更好的技术方法解决工作问题的好奇心,以及对数学、计算机程序和实体的物理模型的满足感。定量分析:对依靠数学方法解决问题的兴趣。理论研究及概念思考:对解决问题具有广泛意义的概念性方法;对想法、构思、理论、计划、情节及预测的兴趣和满足感。创造性过程:对高度创造性活动的兴趣。②与人相处的兴趣咨询及指导:对帮助他人以及在业务工作中建立团队关系的兴趣。管人和处理人际关系:对与人相处和处理日常人际关系的兴趣。③对控制与影响的兴趣。企业控制:对一个企业、部门及项目的最终决策权的兴趣。通过语言及思想影响他人:对通过人的书面或口头语言来影响他人的兴趣。

4. 普雷迪格尔的职业兴趣维度理论

普雷迪格尔(Prediger)根据工作任务的性质,把职业兴趣分成四种类型:数据型、观念型、事物型、人物型。

(1) 数据型(Data)。这种工作通过与事实、记录、文件、数字及系统程序打交道,从而服务于人们的日常消费和服务消费。购买代理人、图书馆保管员、交通管理员的主要工作符合这一特点。

(2) 观念型(Ideas)。这种工作任务涉及概括、理论、知识、洞察及以新方法呈现事务。科学家、作曲家、哲学工作者的主要工作符合这一特点。

(3) 事物型(Thing)。这种工作涉及仪器、材料、工具、生物机制等。建筑工人、实验室技术人员、司机的主要工作符合这一特点。

(4) 人物型(People)。这种工作任务与人打交道,涉及看护、游说、娱乐、训练等。教师、社会工作者、职业咨询师的主要工作符合这一特点。

三、职业人格理论

职业人格是个体的人格特征在职业选择和职业行为上的体现。职业人格理论分为人格特质理论和人格类型理论两个部分。

（一）人格特质理论

1. 奥尔波特的人格特质理论

美国人格心理学家奥尔波特(Gordon W.Allport)以个案研究法分析了各种具有代表性的人格,最早提出特质概念。他将特质定义为个人以生理为基础的一些持久不变的性格特征。特质可以决定一个人对特定刺激的反应倾向,可以预见一个人对特定刺激的反应。奥尔波特将特质分为共同特质和个人特质。共同特质是指在同一文化形态下群体共同具有的特质,它是在共同的生活方式下所形成的,并普遍存在于群体中的每一个人身上。个人特质是个人所独有的,反映了个人不同于他人的人格特征,应该重点研究个人特质。他又进一步对个人特质进行细分。根据它们对个人影响的大小分为首要特质、中心特质和次要特质。首要特质是指在个人生活中占据统治地位,支配、影响个体行为的独一无二的特质。首要特质只在少数人身上可以看到,具有首要特质的人往往是典型人物。中心特质是构成个体独特性的几个重要特质,在每个人身上有 5~10 个中心特质。它们的概括性比首要特质低,但也是行为的决定因素。一个人的人格是由几个彼此联系的中心特质构成的。次要特质是指那些不太重要的特质,它们只在特定场合出现,不是人格的决定因素。

2. 卡特尔的人格特质理论

美国心理学家卡特尔(R.B.Cattell)在接受奥尔波特的人格特质概念的基础上进一步发展了特质理论。他将特质划分为四个层次:第一层次即奥尔波特划分的共同特质和个别特质。第二层次是表面特质和根源特质,这是卡特尔的最大贡献。卡特尔认为表面特质是外部可以直接观察到的行为表现,常随环境变化而变化。而根源特质隐藏在表面特质的后面,位于人格结构的内层,是制约表面特质的人格基本因素。根源特质必须通过表面特质的中介,通过因素分析的方法才能发现。根源特质相互独立,彼此相关性很低。根源特质普遍存在于每个人身上,在不同的人身上强度不同,这造成了人与人之间的人格差异。第三层次是体质特质和环境形成特质。体质特质由身体内部条件所构成,环境形成特质由环境影响而习得。第四层次是动力特质、能力特质和气质特质。动力特质是人格结构中使人趋向某一目标的行为动力,它包括能、外能和辅助。能是一种具有先天的动力性质的素质根源,它与内驱力、需求或本能极为相似。外能也是一种动力性根源特质,但它来

自环境及外界因素,因此属于后天的环境形成特质。辅助指动力特质,是层层从属的,它们之间有附属补助的作用。能力特质是表现在知觉和运动方面的差异特质,一般能力的差异,反映学习程度与记忆状况等。气质特质是指心理活动的强度、速度、灵活性、平衡性等方面的特征,它主要是先天遗传的,具有一贯性。

卡特尔特质理论的主要贡献在于提出了根源特质。1949 年,卡特尔用因素分析方法提出了 16 种相互独立的根源特质,并制定了卡特尔 16 种人格因素测验(16PF)。

这 16 种人格特质是:乐群性、聪慧性、情绪稳定性、恃强性、兴奋性、有恒性、敢为性、敏感性、怀疑性、幻想性、世故性、忧虑性、激进性、独立性、自律性和紧张性。卡特尔认为每个人身上都具备这 16 种特质,只是不同人的表现有程度上的差异。所以,他认为人格差异主要表现在量的差异上,可以对人格进行量化分析。

(二) 人格类型理论

1. 艾森克的人格类型理论

英国著名心理学家艾森克(Hans J.Eysenck)用因素分析法把人格类型分为三个基本维度:内外倾、神经质和精神质。内倾和外倾是一个维度上的两端,内倾者是安静的、不与人交往的,内省的、喜欢书籍胜于喜欢他人,除少数知音外,让人敬而远之。而外倾者好交际、喜欢聚会、喜欢交谈、有许多朋友,不喜欢独自看书和学习。大多数人都位于两端之间,但偏向于某一极。神经质维度的一端是神经质,另一端是情绪稳定。神经质一端的特征是情感易变化,反应过敏,易激动、动怒和沮丧。另一端是情绪很少激动,能较快地从困境中摆脱出来。精神质是指一种倔强固执、粗暴强横和铁石心肠的特点。精神质也有两端,一端持有自我中心、攻击性、冷酷、缺乏同情、冲动、对别人不关心的特点,另一端则表现为温柔、善良等特点。

2.“大五”人格类型理论

20 世纪 80 年代以来,人格研究学者在人格描述模式上达成了比较一致的共识,提出了人格五因素模型,称为“大五”人格理论。每一种人格因素都用两个对立的极端特征来描述。

(1) 情绪稳定性:焦虑、敌对、压抑、自我意识、冲动、脆弱。其中,烦恼对平静,不安全对安全感,自恋对自欺欺人。

(2) 外向性:热情、社交、果断、活跃、冒险、乐观。其中,好交际对不好交际,爱娱乐对严肃,感情丰富对含蓄。

(3) 开放性:想象、审美、情感丰富、求异、智能。其中,富于想象对务实,寻求变化对遵守惯例,自主对顺从。

(4) 随和性:信任、直率、利他、依从、谦虚、移情。其中,热情对无情,信赖对怀疑,乐于助人对不合作。

(5) 谨慎性:胜任、条理、尽职、成就、自律、谨慎。其中,条理对无序,谨慎细心对粗心大意,自律对意志薄弱。

上述五大特质分别反映人格的五个维度。每一维度都是一个连续统一体,每个人的人格特点都反映在这个连续统一体的某一点上。每个人五个点的位置不同,形成每个人不同的人格面貌。

人格与人们选择的职业类型及在该行业中的业绩表现均有关系。例如,外向者应该较偏好社会和事业方面的职业,且比内向者表现为佳。再如,调查行业、艺术兴趣与开放性呈正相关。

3. 荣格心理类型理论

瑞士著名心理学家荣格(C.G.Jung)认为,人与人之间存在着人性差异,可分为内倾型和外倾型两种心理类型。外倾的人,其心理能量指向外部的物体或事件,依据客观标准来看待一切。他们性格开朗活泼,善于交际,适应力强。内倾的人,其心理能量指向主体内部,这种人性情孤僻,优柔寡断,深思熟虑。

荣格还认为个体的心理差异按照收集信息的风格可进一步分为感觉型和直觉型,按照处理信息的风格可进一步分为思考型和情感型,这样就出现了八种人格类型:外倾思考型、外倾情感型、外倾感觉型、外倾直觉型、内倾思考型、内倾情感型、内倾感觉型和内倾直觉型。❶

【实训活动】

一、请谈一谈你对职业测评的认识和理解。

二、**案例**:小舒是一位即将毕业的大学生,最近正处于择业阶段。他有几家心

❶ 吴冬梅.西方职业测评理论综述[J].当代财经,2007(12):125-128.

仪的单位,投递简历后,简历都能通过筛选,但很难通过下一轮的“职业测评”。由于小舒自己不能够查看测评报告,每每问及单位的招聘负责人为何“职业测评”通不过时,得到的答案都是“很抱歉,您不适合这一岗位”。请你结合职业测评的相关理论分析一下,小舒和岗位的不合适可能在于哪些方面。小舒的遭遇对于我们有什么样的启发?

答案:小舒和岗位的不合适,可能在于职业性格、职业价值观和职业兴趣的不合适。对于我们的启发是,在校期间要通过职业测评工具进行测试,更加科学地了解自己,并科学规划职业,做好与自己性格、兴趣和价值观匹配的职业选择。

三、测评报告研读:请用一个信度效度较高的测评软件,专门对一项素质进行测评,如职业性格、职业价值观、职业兴趣等,并认真研读测评报告,对自己拿捏不准的信息,请教专业咨询师,在咨询师的指导下,全面了解咨询报告的含义,并对自己的职业定位和选择做出科学规划。

【课后作业】

- 什么是职业测评?职业测评的发展历程是怎样的?
- 谈谈你对不同类型职业测评理论的理解。

第四章　相关职业测评工具使用介绍

【本章学习目标】

- 了解职业测评工具的特点和意义及作用
- 理解职业测评工具的分类
- 知晓职业测评工具的使用和报告的解读

第一节　吉讯大学生职业生涯规划系统

一、吉讯大学生职业生涯规划系统简介

吉讯大学生职业生涯规划系统是专门为大学生自助进行职业生涯规划而设计的在线产品,是中国第一套大学生职业生涯规划系统,由教育部全国高等学校学生信息咨询与就业指导中心和北京北森测评技术有限公司联合研发而成。该系统积累多年相关实践工作经验,融合国外同类产品的先进理念,不但可以帮助大学生进行各类职业生涯决策,还能引导大学生学会如何科学规划自己的职业生涯。

系统得到中国心理学会及心理测评委员会权威认证,是教育部“十五”课题的指定研究工具。系统汇聚三大功能:认识自我、认识职业、有效的决策行动,以完整、科学的方法来引导学生做出适合自己的生涯规划。

二、吉讯大学生职业生涯规划系统的价值和作用

学生生涯的好督导

改善行动问题：生涯规划不仅仅是探索，更重要的是行动。系统突破性地加入行动与决策模块，帮助学生整理出详细的行动及改进计划，真正帮学生把理想变为一步步的具体行动，并持续进行督导。

培养自主意识：学生最常见的问题是没有科学的职业生涯规划意识，吉讯大学生职业生涯规划系统完整的流程将帮助学生培养出正确的生涯意识，自主进行探索、规划与反馈，并转化为持续行动。

方法终身受益：系统旨在教会学生职业生涯中的探索方法与决策行动方法，而学生一旦掌握这种技能将会终身受益。

教师工作的好帮手

授课教辅工具：吉讯大学生职业生涯规划系统按照标准职业规划流程设计，与教育部课程大纲要求相符，完全可以伴随学校的职业规划课程开展使用，边学边做，达到最优的教学效果。

提高辅导效率：网络化、自助式的系统操作模式能够辅助80%以上的学生完成自我探索。良好的效果能有效减轻教师辅导的工作量，提升工作效率与专业性。

强大后台功能：吉讯大学生职业生涯规划系统拥有完善的后台功能，除了方便学生管理，还能够实现多样化数据统计和个体信息查询。既能够帮助教师掌握学生整体和个体的情况，又能做到有针对性的辅导，更是教师进行相关研究、开展课题的有效工具。

三、吉讯大学生职业生涯规划系统主要测评模块及内容

(一) 模块一：自我了解

学生在首页点击“现状评估”“价值观”“职业兴趣”“职业性格”“职业技能”，可分别进入不同测评，完成对相应特点的自我测评，获得报告，了解自己的特点。

(1) 现状评估。

学生点击“现状评估”后，页面如图4-1、图4-2所示。

图 4-1 “现状评估”页面

√ 现状评估　　▪ 当前位置：首页 > 现状评估

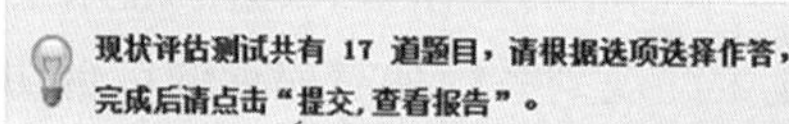

	1非常不符合	2不太符合	3有些符合	4非常符合
1. 我能说出我自己看中什么(如：名望、成就、收入或安全等)。	○	●	○	○
2. 我能说出几个我感兴趣的活动和事情。	○	○	●	○
3. 我清楚自己擅长和不擅长的事情。	○	○	○	●
4. 我知道自己对于一些什么内容的学习最快。	●	○	○	○
5. 我能说出自己最突出的几个性格特点。	○	●	○	○
6. 我知道自己最喜欢的职业的具体工作内容。	○	○	●	○
7. 对于自己喜欢的职业，我获得相关的信息和建议。	○	●	○	○

图 4-2 “现状评估”测试部分题目

学生可以根据自己的现状评估结果,有针对性地选择进入不同部分,如"自我了解""职业探索""决策行动"等进行探索。

(2) 职业兴趣测评。

学生点击首页旋转球部分导航或顶部导航栏中"自我了解"中的"职业兴趣",都可以进入职业兴趣探索页面,如图 4-3 所示。

图 4-3　职业兴趣探索页面

职业兴趣测评一共 94 道题,完成所有题目点击提交后学生可获得结果报告,如图 4-4 所示。

(3) 职业技能评定。

学生点击首页旋转球部分导航或顶部导航栏中"自我了解"中的"职业技能",都可以进入职业技能探索页面,如图 4-5 所示。

技能评定采取图片测试的方式,学生点击相应的图片选择自己最擅长的 5 项技能,同时,学生需要在剩下的 30 项技能中选择 3 项自己最不擅长的技能,然后查看技能评定报告。

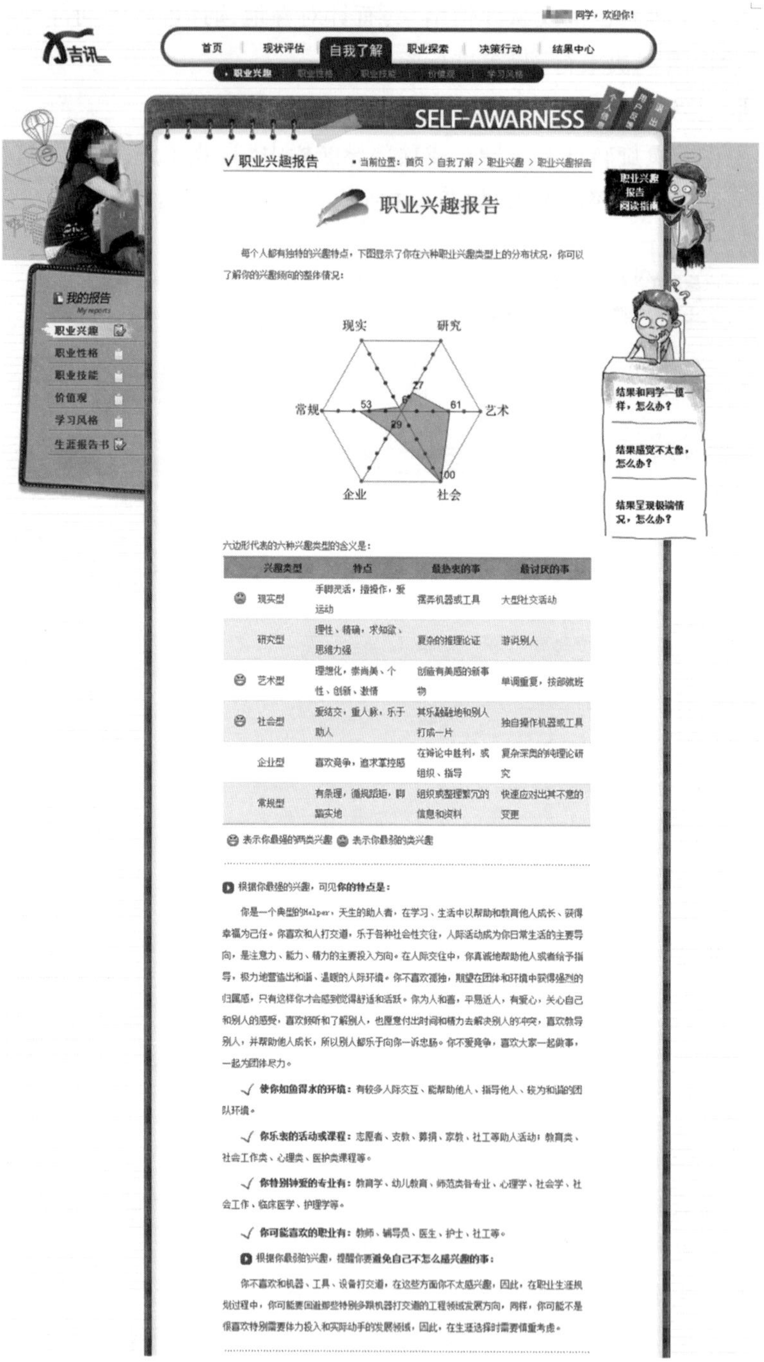

同学，欢迎你！

吉讯

首页 | 现状评估 | 自我了解 | 职业探索 | 决策行动 | 结果中心

职业兴趣 | 职业性格 | 职业技能 | 价值观 | 学习风格

SELF-AWARENESS

个人信息 用户反馈 退出

我的报告 My reports

职业兴趣
职业性格
职业技能
价值观
学习风格
生涯报告书

职业兴趣报告阅读指南

结果和同学一模一样，怎么办？

结果感觉不太像，怎么办？

结果呈现极端情况，怎么办？

√ 职业兴趣报告　　▪ 当前位置：首页 > 自我了解 > 职业兴趣 > 职业兴趣报告

职业兴趣报告

每个人都有独特的兴趣特点，下图显示了你在六种职业兴趣类型上的分布状况，你可以了解你的兴趣倾向的整体情况：

现实　研究　常规　艺术　企业　社会

53　27　61　29　100

六边形代表的六种兴趣类型的含义是：

兴趣类型	特点	最热衷的事	最讨厌的事
现实型	手脚灵活，擅操作，爱运动	摆弄机器或工具	大型社交活动
研究型	理性、精确，求知欲、思维力强	复杂的推理论证	游说别人
艺术型	理想化，崇尚美、个性、创新、激情	创造有美感的新事物	单调重复，按部就班
社会型	爱结交，重人脉，乐于助人	其乐融融地和别人打成一片	独自操作机器或工具
企业型	喜欢竞争，追求掌控感	在辩论中胜利，或组织、指导	复杂深奥的纯理论研究
常规型	有条理，循规蹈矩，脚踏实地	组织或整理繁冗的信息和资料	快速应对出其不意的变更

表示你最强的两类兴趣　表示你最弱的类兴趣

根据你最强的兴趣，可见**你的特点是：**

你是一个典型的Helper，天生的助人者，在学习、生活中以帮助和教育他人成长、获得幸福为己任。你喜欢和人打交道，乐于各种社会性交往，人际活动成为你日常生活的主要导向，是注意力、能力、精力的主要投入方向。在人际交往中，你真诚地帮助他人或者给予指导，极力地营造出和谐、温暖的人际环境。你不喜欢孤独，期望在团体和环境中获得强烈的归属感，只有这样你才会感到觉得舒适和活跃。你为人和善，平易近人，有爱心，关心自己和别人的感受，喜欢倾听和了解别人，也愿意付出时间和精力去解决别人的冲突，喜欢教导别人，并帮助他人成长，所以别人都乐于向你一诉忠肠。你不爱竞争，喜欢大家一起做事，一起为团体尽力。

√ **使你如鱼得水的环境：**有较多人际交互、能帮助他人、指导他人、较为和谐的团队环境。

√ **你乐衷的活动或课程：**志愿者、支教、募捐、家教、社工等助人活动；教育类、社会工作类、心理类、医护类课程等。

√ **你特别钟爱的专业有：**教育学、幼儿教育、师范类各专业、心理学、社会学、社会工作、临床医学、护理学等。

√ **你可能喜欢的职业有：**教师、辅导员、医生、护士、社工等。

根据你最弱的兴趣，**提醒你要避免自己不怎么感兴趣的事：**

你不喜欢和机器、工具、设备打交道，在这些方面你不太感兴趣，因此，在职业生涯规划过程中，你可能要回避那些特别多跟机器打交道的工程领域发展方向，同样，你可能不是很喜欢特别需要体力投入和实际动手的发展领域，因此，在生涯选择时需要慎重考虑。

图 4-4　结果报告页面

图 4-5 职业技能探索页面

（4）职业性格、价值观、学习风格。

这三个自我探索的过程与职业兴趣探索的过程是一样的。当然，每个测试的题目数量不同，所需要的时间也不太一样，又因为题目数量相差不多，所以每个测试平均用时为 15～20 分钟。此外，职业性格和价值观测评报告页面也有相应的报告阅读视频及相应的问题解答视频链接。

（二）模块二：职业探索

“职业探索”是职业生涯规划中很重要的一步，也是系统中的关键之一。系统在“职业”这部分包含三个部分：推荐职业、职业查询、收藏职业。

（1）推荐职业。

“推荐职业”包含两个方面：测评推荐职业和综合推荐职类。测评推荐职业是根据学生所做的职业兴趣测评、职业性格测评、职业技能评定、职业价值观测评共同推荐得到的常见职业列表。默认为交叉推荐职业排列在前面，依次为其他推荐的职业，每个测评推荐 10 个职业左右。如图 4-6 所示。

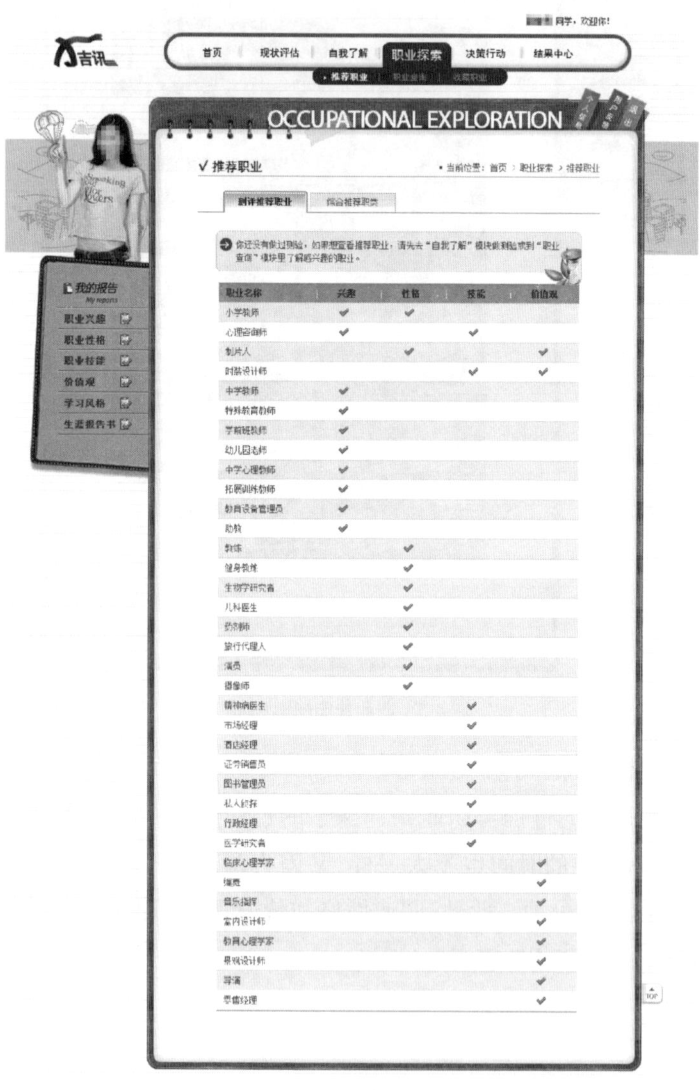

职业名称	兴趣	性格	技能	价值观
小学教师	✔	✔		
心理咨询师	✔		✔	
制片人		✔		✔
时装设计师			✔	✔
中学教师	✔			
特殊教育教师	✔			
学前班教师	✔			
幼儿园老师	✔			
中学心理教师	✔			
拓展训练教师	✔			
教育设备管理员	✔			
助教	✔			
教练		✔		
健身教练		✔		
生物学研究者		✔		
儿科医生		✔		
药剂师		✔		
旅行代理人		✔		
演员		✔		
摄像师		✔		
精神病医生			✔	
市场经理			✔	
酒店经理			✔	
证券销售员			✔	
图书管理员			✔	
私人侦探			✔	
行政经理			✔	
医学研究者			✔	
临床心理学家				✔
编剧				✔
音乐指挥				✔
室内设计师				✔
教育心理学家				✔
景观设计师				✔
导演				✔
零售经理				✔

图 4-6　推荐职业页面

综合推荐职类是将测评推荐的职业和根据学生填写的专业类别对应的常见职业整合起来,归为不同职类。

(2) 职业查询。

“职业查询”有两种方式:输入关键字进行模糊查询、在职业分类列表中查询(图 4-7)。

图 4-7　职业查询页面

点开某职业呈现具体职业介绍的页面,对此职业有六个方面的描述:职业简介和工作内容,工作条件和收入,职业发展和前景,知名单位和典型人物,职业对人的要求,职业与我的吻合。学生可根据自己感兴趣的内容,点击页面上的标签按钮进行查看。

(3) 收藏职业。

收藏职业主要是为了帮助学生更快更方便地找到自己有兴趣的职业而设立的。有收藏时,学生可以直接点击进入,查看详细信息(图 4-8)。

(三) 模块三:决策行动

“决策行动”的流程包含两个方面:决策过程和行动计划。

(1) 决策过程(图 4-9)。

图 4-8　收藏职业页面

图 4-9　决策过程页面

学生通过“澄清我的迷思”，可以了解自己在哪些方面仍然存在非理性信念，并能及时获得澄清(图 4-10)。

√ 澄清我的迷思　　▪ 当前位置：首页 > 决策行动 > 决策过程 > 澄清我的迷思

你是否觉得很难做出职业决策？是什么困扰了你？看看以下一些对于决策的想法，如果符合你的状况，请在选项前打钩。

自我认识：

- [x] 我以前没有好好学习，许多基础知识都不扎实，而这会成为我职业选择的阻力。并且，这些已经都是历史，现在再努力也无法弥补，但决定了我未来的职业发展很糟糕。

★ 无论对谁来说，最重要的都是现在而非过去。固然，你可能曾经没有好好努力，许多基础知识都不够扎实，但是只要你现在认识到这是一个发展的屏障，你就应该去寻求弥补的方法：或者去再学习、或者去回避某些领域。总之，你需要全面衡量自己的现状，而不是把现在当成历史不可替代的“恶果”。你现在要做的是选择改写你历史的方法。

- [ ] 我以前犯过严重的错误，是挥之不去的阴影，它将阻碍我的职业发展。
- [ ] 如果让我分别用一句话来概括自己的兴趣、价值观和技能，我会说不上来。我感觉自己永远无法充分地理解自己，在职业规划方面，我也一直没有一个非常确定的方向。
- [ ] 我想不出有哪个职业会适合我，好像我什么都不擅长，但又好像什么都可以。
- [ ] 我总是希望任何事物都应按我自己的意愿发展，如果不能获得我希望的职位，我一定无法忍受这种失败。

图 4-10　“澄清我的迷思”页面

学生通过“决策工具：平衡单”，可以进行决策，学习决策方法（图 4-11）。

√ 平衡单示例

* 有一个学外贸的学生，临近大四毕业，他面临三个决策选项：找工作、创业和考研，于是他做了一个这样的平衡单：

考虑因素		重视程度	到外贸公司工作	自己创业：与朋友合开报关行	考研上研
			分数	分数	分数
自己物质方面的得失	1. 收入情况	4	+2	+5	-5
	2. 健康状况	3	+1	-1	+2
	3. 工作时间	1	0	-4	0
	4. 休闲生活	2	+3	-3	+2
	5. 未来展望	5	-2	+4	+4
自己精神方面的得失	1. 发挥兴趣和能力	5	+1	+5	+5
	2. 有成就感	4	-1	+5	+5
	3. 改变生活方式	1	0	+3	+2
他人物质方面的得失	1. 家庭收入	2	+2	+3	-2
	2. 为家人分担家里的事	1	+2	-2	0
	3. 与家人相处时间	2	+3	-2	+1
	4. 与朋友相处时间	2	+1	-2	+2
他人精神方面的得失	1. 家人自豪	2	0	+3	+3
	2. 家人认同	2	+1	+3	+2
	3. 家人的担心	1	-2	-4	-1
合计			+22	+77	+68

图 4-11　平衡单示例

(2) 行动计划。

学生点击“行动计划”后进入行动计划首页,点击“制定行动计划”按钮开始填写。学生根据指导完成相应的填写,即可获得行动报告(图 4-12)。

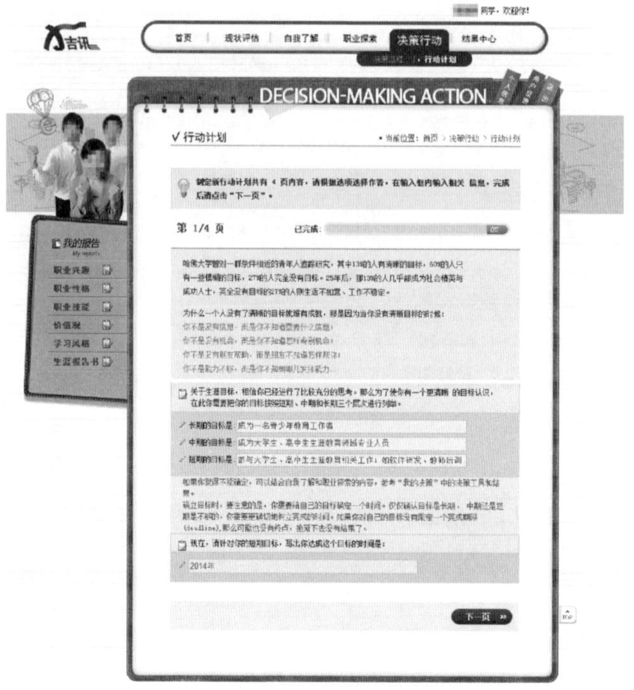

图 4-12 “制定行动计划”相关页面

以上就是吉讯大学生职业生涯规划系统的大致功能介绍以及每个测评模块能够帮助学生进行测评后达到的测评目的。总的来说,大学生越早对自己的职业发展进行规划、对职业路径进行设计,就越能使自己尽快适应职业,而科学测评是对自己进行职业规划的基础。

第二节 MBTI 职业性格测评系统

一、MBTI 职业性格测评系统简介

MBTI 人格理论(迈尔斯类型指标,Myers Briggs Type Indicator,MBTI)——国际

最为流行的职业人格评估工具,是一种迫选型、自我报告式的性格评估测试,用以衡量和描述人们在获取信息、作出决策、对待生活等方面的心理活动规律和性格类型。MBTI 人格理论的基础是著名心理学家荣格关于心理类型的划分。后由美国的心理学家凯瑟琳·库克·布里拉斯(Katherine Cook Briggs,1875—1968)与心理学家伊莎贝尔·布里格斯·迈尔斯(Isabel Briggs Myers)在荣格的基础上进一步研究并加以发展,凯瑟琳·库克·布里拉斯还在她们对人类性格差异的长期观察和研究后形成 MBTI 人格理论体系。经过长达 50 多年的研究和发展,MBTI 已经成为当今全球最为著名和权威的性格测评。MBTI 主要应用于职业发展、职业咨询、团队建议、婚姻教育等方面,是目前国际上应用较广的人才甄别工具。

二、MBTI 职业性格测评的价值和作用

MBTI 职业性格测评可以帮助解释为什么不同的人对不同的事物感兴趣、擅长不同的工作,并且有时不能互相理解。这个工具已经在世界上运用了将近 50 年的时间,夫妻利用它增进关系,教师和学生利用它提高学习、授课效率,青年人利用它选择职业,组织利用它改善人际关系、团队沟通、组织建设、组织诊断等。在世界五百强企业中,80%有 MBTI 的应用经验。

人的性格倾向,就像分别使用自己的两只手写字一样,都可以写出来,但惯用的那只写出的会比另一只更好。每个人都会沿着自己所属的性格类型发展出个人行为、技巧和态度,而每一种也都存在着自己的潜能和潜在的盲点。惯用的性格支配下的个人行为、技巧和态度也是有章可循的,通过测评发现性格类型以及这种性格类型支配下的行为和态度,就能够帮助人们更好地扬长避短,推进职业发展,最大化地发挥个人价值,以及提高与团队其他成员的有效融合度。将 MBTI 测试用于职业的匹配方面,可以探讨各种性格类型与相关职业的匹配程度。

三、MBTI 职业性格测评的维度及内容

(一) MBTI 职业性格测评的维度

瑞士心理学家荣格认为:感知和判断是大脑的两大基本功能。大脑做决定的

瞬间可以慢动作分解为两个阶段:感知阶段(又分为触觉感知阶段和直觉感知阶段)和判断阶段(又分为感性判断阶段和理性判断阶段)。

为方便理解,我们把大脑做出决定的瞬间,直观想象为如下流程:(大脑获取信息后)触觉感知—直觉感知—感性判断—理性判断,最后做出决定,不过实际上这一过程是在瞬间交织(并非想象中简单的线性)完成的。虽然每个人的大脑做出决定的瞬间都要走这四个流程,但是不同的人在其中某个环节中的倾向程度不同(也可以理解为滞留时间长短不同):有些人更倾向停留在触觉感知环节多一些,而直觉感知一带而过;有些人在判断环节,更倾向停留在感性判断多一些,理性判断一带而过。此外,大脑的这两大基本功能还受到每个人的精力来源不同与生活方式差异的影响(由美国心理学家凯瑟琳·库克·布里拉斯提出),最终的决定就千差万别了。经过多年的实践和不断优化,荣格的人格分类理论已成为目前国际上有数据支撑的性格分类模型的理论基础。

MBTI 职业性格倾向显示了人与人之间的差异,而这些差异产生于:

(1) 他们把注意力集中在何处,从哪里获得动力(外向、内向)。

(2) 他们获取信息的方式(实感、直觉)。

(3) 他们做决定的方法(思维、情感)。

(4) 他们对外在世界如何取向——通过认知的过程或判断的过程(判断、知觉)。用字母代表如下:

精力支配:外向(E)—内向(I)。

认识世界:实感(S)—直觉(N)。

判断事物:思维(T)—情感(F)。

生活态度:判断(J)—知觉(P)。

其中两两组合,可以组合成 16 种人格类型。

(二) 各维度的阐释和内容

(1) E 外向—I 内向。

外向:

- 从人际交往中获得能量
- 喜欢外出
- 表情丰富,外露

内向:

- 从时间中获得能量
- 喜静、多思、冥想(离群、与外界相互误解)

- 喜欢交互作用,合群
- 喜行动、多样性(不能长期坚持)不怕打扰,喜自由沟通
- 讲,然后想;易冲动、易后悔、易受他人影响

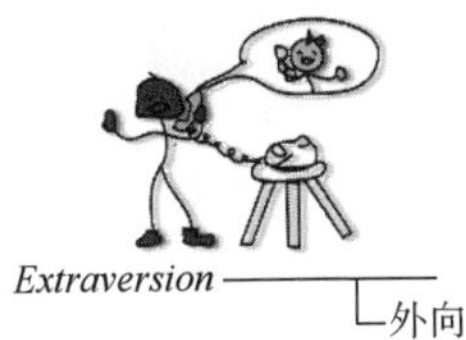

Extraversion 外向

- 谨慎、不露表情
- 社会行为的反射性(会失去机会)
- 独立、负责、细致、周到、不蛮干
- 不怕长时间做事、勤奋;怕打扰,先想然后讲

Introversion 内向

(2) S 感觉—N 直觉。

感觉:

- 通过五官感受世界,注重真实的存在、实际
- 用已经有的技能解决问题
- 喜具体明确
- 重细节(少全面性)
- 脚踏实地
- 做事有可能的结果、能忍耐、小心
- 可做重复工作(不喜新),不喜展望

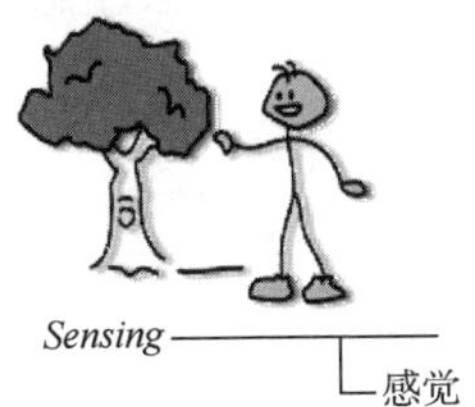

Sensing 感觉

直觉:

- 通过第六感洞察世界、注重应该如何,比较笼统
- 喜学新技能
- 不重准确,喜抽象和理论
- 重可能性,讨厌细节
- 好高骛远,喜欢新问题
- 凭爱好做事,对事情的态度易变
- 提新见解、匆促结论

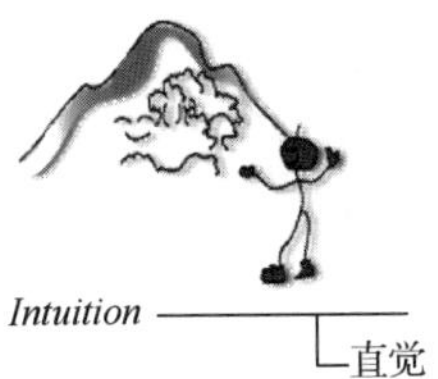

Intuition 直觉

(3) T 思考—F 情感。

思考:

- 分析,用逻辑客观方式决策
- 坚信自己的观点正确,不考虑他人意见
- 清晰、正义,不喜欢调和主义

情感:

- 主观和综合,用个人化的、价值导向的方式决策;考虑决策对他人的影响
- 和谐、宽容、喜欢调解

- 批判和鉴别力
- 规则
- 工作中少表现出情感，也不喜欢他人感情用事

- 不按照逻辑思考
- 考虑环境
- 喜欢工作场景中的情感，从赞美中获得享受，也希望获得他人的赞美

(4) J 判断—P 知觉。

判断：

- 封闭定向
- 结构化和组织化
- 时间导向
- 决断，事情都有正误之分
- 喜命令、控制，反应迅速，喜欢完成任务
- 不善适应

知觉：

- 开放定向
- 弹性化和自发化
- 探索和开放结局
- 好奇，喜欢收集新信息而不是做结论
- 喜欢观望，喜欢开始许多新的项目，但不完成
- 优柔寡断、易分散注意

四、MBTI 职业性格测评主要测评模块及内容

MBTI 职业性格测评通过被试者题目的回答，进行系统的分析，阐释出被试者的性格代码。

（一）测试题目

请根据以下描述对照自己，自我评价，在每题 a、b 的选择方格中评分，a+b 评分的总和必须为 5。提示：0-从不，1-很少，2-中间，3-很多，4-极多，5-总是。

1. □a.先了解别人的想法，再下决定。
   □b.不和别人商量，就下决定。
2. □a.富于想象或凭直觉的人。
   □b.讲求精确，讲求事实的人。
3. □a.根据现有资料及情境的分析来对他人做评判。
   □b.运用同理心与感觉来了解他人需要及价值观，并以此来对他人做评判。
4. □a.顺着他人的意思做出承诺。
   □b.做明确的承诺，并确实加以实践。
5. □a.有安静、独自思考的时间。
   □b.与他人打成一片。
6. □a.运用所熟悉的好方法来完成工作。
   □b.尝试运用新的方法来完成工作。
7. □a.以合乎逻辑的思考及严格的程序分析得到结论。
   □b.根据过去生活的体验及信息来得到结论。
8. □a.订下完成工作的最后期限。
   □b.拟订时间表，并严格遵行。
9. □a.和他人讨论后，再自我分析思考。
   □b.和他人尽兴畅谈后，再自我分析思考。
10. □a.做事前会设想各种可能发生的情况。
    □b.到时候按实际的情况处理问题。
11. □a.被认为是一个擅长思考的人。
    □b.被认为是一个敏于感觉的人。
12. □a.事前详细考虑各种可能性，事后反复思考。
    □b.搜集需要的数据，稍作考虑后，做出明确决定。
13. □a.拥有内在的思想和情感，而不为他人所知。
    □b.与他人共同做某些活动或事情。

14. □a.思维偏向抽象与理论。
□b.思维偏向具体与实际。
15. □a.协助别人探索他们自己的感受。
□b.协助别人做出合理的决定。
16. □a.习惯使问题的答案保持弹性,且可修改。
□b.习惯使问题的答案是明确的、可预知或可预测。
17. □a.很少表达自我内在的想法及感受。
□b.自在地表达自我内在的想法及感受。
18. □a.从大处着眼。
□b.从小处着眼。
19. □a 运用常识,凭着信念来做决定。
□b.运用资料,通过分析事实来做决定。
20. □a.事先详细计划。
□b.临时视需要而做计划。
21. □a.结交新朋友。
□b.独处或只与熟识者交往。
22. □a.重视概念。
□b.重视事实。
23. □a.相信自己的想法。
□b.相信经证实的结语。
24. □a.尽可能用记事簿记载事情。
□b.尽可能少用记事簿记载事情。
25. □a.在团体中详细地讨论新奇而又未做决定的问题。
□b.自己先想出结论然后再和他人讨论。
26. □a.拟定详细的计划,然后确实去执行。
□b.拟定计划,但不一定执行。
27. □a.思维是理性的。
□b.思维是感性的。
28. □a.随心所欲做自己喜欢的事。
□b.尽量事先了解别人期望我做什么。

29. □a.想成为众人的焦点。

□b.想退居幕后。

30. □a.自由想象。

□b.检视实情。

31. □a.喜欢体验感人的情境或事物。

□b.习惯运用自己的能力去分析情境。

32. □a.在预定的时间内准时开会。

□b.在一切妥当或安适的情况下宣布开会。

测试结果总分卡

内向型	外向型	直觉型	感觉型	思考型	情感型	知觉型	判断型
(I)	(E)	(N)	(S)	(T)	(F)	(P)	(J)
1.b____	1.a____	2.a____	2.b____	3.a____	3.b____	4.a____	4.b____
5.a____	5.b____	6.b____	6.a____	7.a____	7.b____	8.a____	8.b____
9.a____	9.b____	10.a____	10.b____	11.a____	11.b____	12.a____	12.b____
13.a____	13.b____	14.a____	14.b____	15.b____	15.a____	16.a____	16.b____
17.a____	17.b____	18.a____	18.b____	19.b____	19.a____	20.b____	20.a____
21.b____	21.a____	22.a____	22.b____	23.b____	23.a____	24.b____	24.a____
25.b____	25.a____	26.b____	26.a____	27.a____	27.b____	28.a____	28.b____
29.b____	29.a____	30.a____	30.b____	31.b____	31.a____	32.b____	32.a____
合计：	合计：	合计：	合计：	合计：	合计：	合计：	合计：

记分

每一对分数中数字较大者，即为你个人的风格，每人均可有四个风格。例如，内向型 18 分，外向型 22 分，则取外向型为个人风格，其他以此类推。

每个风格都有程度上的差别，如果在相对应的两个风格中（如外向型对应内向型），有一方的程度较强，即表示另一方程度较弱，其比照分数如下。

30~40 分：表示这一风格非常强，几乎没有另一对应风格。

25~29 分：表示这一风格比另一风格强。

22~24 分：表示这一风格比另一风格稍强一些。

20~21 分：表示兼具两个风格的特质。

（量表来源：重庆市高校毕业生职业发展与职业化训练教程[M].重庆：重庆出版社，2010）

（二）职业性格的十六种类型

MBTI 职业性格测评的四个维度，两两组合，共有十六种类型。以各个维度的字母表示类型，如下：

ESFP　ISFP　ENFJ　ENFP

ESTP　ISTP　INFJ　INFP

ESFJ　ISFJ　ENTP　INTP

ESTJ　ISTJ　ENTJ　INTJ

这四个维度在每个人身上会有不同的比重，不同的比重会导致不同的表现，关键在于各个维度上的人均指数和相对指数的大小。

MBTI 十六种人格类型如下。

1. ISTJ

(1) 严肃、安静，借由集中心志与全力投入及可被信赖获致成功。

(2) 行事务实、有序、实际、逻辑、真实及可信赖。

(3) 十分留意且乐于做任何事(工作、居家、生活均有良好的组织及有序)。

(4) 负责任。

(5) 照设定成效来做出决策且不畏阻挠与闲言，会坚定为之。

(6) 重视传统与忠诚。

(7) 传统性的思考者或经理。

2. ISFJ

(1) 安静、和善、负责任且有良心。

(2) 行事尽责投入。

(3) 安定性高，常居项目工作或团体的安定力量。

(4) 愿投入、吃苦及力求精确。

(5) 兴趣通常不在于科技方面，对细节事务有耐心。

(6) 忠诚、考虑周到、知性且会关切他人感受。

(7) 致力于创构有序及和谐的工作与家庭环境。

3. INFJ

(1) 因为坚忍、创意及必须达成的意图而能成功。

(2) 会在工作中投注最大的努力。

(3) 默默强力地、诚挚地及用心地关切他人。

(4) 因坚守原则而受敬重。

(5) 提出造福大众利益的明确远景而为人所尊敬与追随。

(6) 追求创见、关系及物质财物的意义及关联。

(7) 想了解什么能激励别人及对他人具有洞察力。

(8) 光明正大且坚信其价值观。

(9) 有组织且果断地履行其愿景。

4. INTJ

(1) 具有强大动力与本意来达成目的与创意,是固执、顽固者。

(2) 有宏大的愿景且能快速在众多外界事件中找出有意义的模范。

(3) 对所承负的职务,具有良好能力来策划并完成工作。

(4) 具有怀疑心、挑剔性、独立性、果决,对专业水准及绩效要求高。

5. ISTP

(1) 冷静旁观者——安静、预留余地、弹性及会以无偏见的好奇心与未预期原始的幽默观察与分析。

(2) 有兴趣于探索原因及效果,技术事件是为何及如何运作且使用逻辑的原理组构事实、重视效能。

(3) 擅长掌握问题核心及找出解决方式。

(4) 分析成事的缘由且能实时由大量资料中找出实际问题的核心。

6. ISFP

(1) 羞怯的、安宁和善的、敏感的、亲切的且行事谦虚。

(2) 善于避开争论,不对他人强加己见或价值观。

(3) 无意于领导却常是忠诚的追随者。

(4) 办事不急躁,安于现状,无意于过度地、急切或努力地破坏现况,且非成果导向。

(5) 喜欢有自由的空间及按自定的时程办事。

7. INFP

(1) 安静观察者,具理想性,对其价值观及重要之人具忠诚心。

(2) 希望外在生活形态与内在价值观相吻合。

(3) 具好奇心且很快能看出机会所在,常担负开发创意的触媒者。

(4) 除非价值观受侵犯,行事会具弹性、适应力高且承受力强。

(5) 具有了解及发展他人潜能的想法,想做太多且做事全神贯注。

(6) 对所处环境状态不太在意。

(7) 具适应力、有弹性,除非价值观受到威胁。

8. INTP

(1) 安静、自持、弹性及具适应力。

(2) 特别喜爱追求理论与科学事理。

(3) 习惯以逻辑及分析来解决问题——问题解决者。

(4) 最有兴趣于创意事务及特定工作,对聚会与闲聊无大兴趣。

(5) 追求可发挥个人强烈兴趣的生涯。

(6) 追求发展对有兴趣事务的逻辑解释。

9. ESTP

(1) 擅长现场实时解决问题——解决问题者。

(2) 喜欢办事并乐在其中及享受这一过程。

(3) 倾向于喜好技术事务及运动,结交同好友人。

(4) 具有适应性、容忍度、务实性。

(5) 不喜欢冗长概念的解释及理论。

(6) 最专精于可操作、处理、分解或组合的真实事务。

10. ESFP

(1) 外向、和善、接受性,乐于与他人分享喜悦。

(2) 喜欢与他人一起行动且促成事件发生,在学习时亦然。

(3) 知晓事件未来的发展并会热烈参与。

(4) 最擅长人际相处及具备完备常识,很有弹性,能立即适应他人与环境。

(5) 对生命、人、物质享受的热爱者。

11. ENFP

(1) 充满热忱、活力充沛、聪明的、富想象力的,视生命充满机会但期望能得到他人肯定与支持。

(2) 几乎能达成所有有兴趣的事。

(3) 对难题很快就有对策并能对有困难的人施予援手。

(4) 依赖能改善的能力而无须预作规划准备。

(5) 为达目的常能找出强制自己为之的理由。

(6) 即兴执行者。

12. ENTP

(1) 反应快、聪明,长于多样事务。

(2) 具有激励伙伴、敏捷及直言不讳的专长。

(3) 会为了有趣对问题的两面加以争辩。

(4) 对解决新的及挑战性的问题富有策略,但会轻忽或厌烦经常的任务与细节。

(5) 兴趣多元,易倾向于转移至新生的兴趣。

(6) 对想要的会有技巧地找出逻辑的理由。

(7) 长于看清楚他人,有能力去解决新的或有挑战的问题。

13. ESTJ

(1) 务实、真实、事实倾向,具有企业管理或技术天分。

(2) 不喜欢抽象理论,最喜欢学习可立即运用事理。

(3) 喜好组织与管理活动且专注以最有效率的方式行事,以取得成效。

(4) 具决断力、关注细节且很快做出决策,是优秀的行政者。

(5) 常会忽略他人感受。

(6) 喜做领导者或企业主管。

14. ESFJ

(1) 诚挚、爱说话、合作性高、受欢迎、光明正大的,是天生的合作者及活跃的组织成员。

(2) 重和谐且长于创造和谐。

(3) 常做对他人有益的事务。

(4) 给予鼓励及称许会有更高的工作成效。

(5) 最有兴趣于会直接及有形影响人们生活的事务。

(6) 喜欢与他人共事,精确且准时地完成工作。

15. ENFJ

(1) 热忱、易感应及负责任的,具有能鼓励他人的领导风格。

(2) 对别人所想的或希求的事,会表达真正关切且用心去处理。

(3) 能怡然且技巧性地带领团体讨论或演示文稿提案。

(4) 爱交际、受欢迎及富有同情心。

(5) 对别人的赞扬及批评很在意。

(6) 喜欢带引别人且能使别人或团体发挥潜能。

16. ENTJ

(1) 坦诚、具有决策力的活动领导者。

(2) 擅长发展与实施广泛的系统,以解决组织的问题。

(3) 专精于具有内涵与智能的谈话,如对公众演讲。

(4) 乐于经常吸收新知且能广开信息渠道,但容易过度自信,会强于表达自己的创见。

(5) 喜欢做策划及设定目标。

第三节　霍兰德职业兴趣测评系统

一、霍兰德职业兴趣测评系统简介

约翰·霍兰德于1959年提出了具有广泛社会影响的职业兴趣理论。认为人的人格类型、兴趣与职业密切相关,兴趣是人们活动的巨大动力,凡是具有职业兴趣的职业,都可以提高人们的积极性,促使人们积极地、愉快地从事该职业,且职业兴趣与人格之间存在很高的相关性。霍兰德认为人格可分为现实型、研究型、艺术型、社会型、企业型和常规型六种类型。

兴趣测验的研究可以追溯到20世纪初,美国心理学家桑代克(Edward Lee Thorndike)于1912年对兴趣和能力的关系进行了探讨。1915年,美国心理学之父詹姆斯(William James)发表了一个关于兴趣的问卷,标志着兴趣测验系统研究的开始。1927年,斯特朗编制了斯特朗职业兴趣调查表,是最早的职业兴趣测验。1939年,库德(Frederic Kuder)发表了库德爱好调查表;1953年,编制了职业偏好量表,并在此基础上发展了自我指导探索(1969),据此提出了“人格特质与工作环境相匹配”的理论(1970)。

不难看出,在霍兰德职业兴趣理论提出之前,关于职业兴趣测试和个体分析是

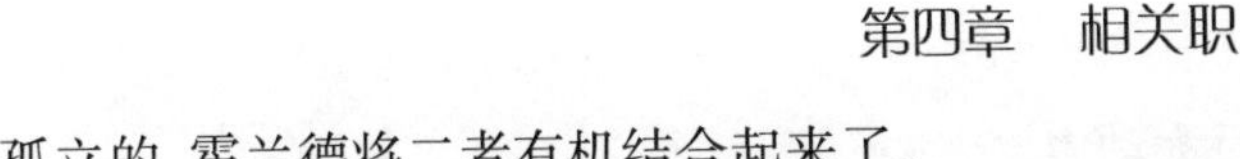

孤立的，霍兰德将二者有机结合起来了。

20世纪50年代以后，国外学者在探索职业兴趣构成要素的过程中，也相继提出了一些职业兴趣模型理论，并在实践中加以应用和检验。

（一）霍兰德六边形模型理论

霍兰德从20世纪50年代开始采用要素分析法对职业兴趣类型进行了长期的研究，他指出，大多数人的职业兴趣可以划分为六种类型，不同职业兴趣类型的人喜欢从事与工作环境类型相对应的职业活动，且这六种职业兴趣类型之间并不完全独立，而是存在一定程度的相关关系。他把这六种职业兴趣类型按照R、I、A、S、E、C的顺序排列成一个六边形模型，以此来解释职业兴趣类型之间的相关关系：两者之间为直接关系，则相关性最大，是择业的首选；两者之间为相邻关系，共同点较多，相关性较大，如RI、IA、AS、SE、EC和CR；两者之间为相隔关系，则共同点较相邻关系少，相关性较小，如RA、IS、AE、SC、ER和CI；两者之间为相对关系，其共同点很少，在六边形模型上处于对角位置的类型，相关性最小，如RS、IE和AC。如图4-13所示。

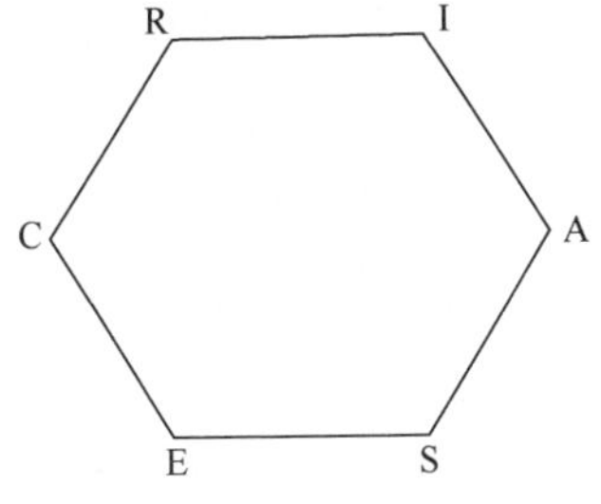

图4-13　霍兰德的六边形模型

霍兰德认为，职业兴趣是个人对特定工作类型的倾向性反映，是人格特质与工作环境的一致。不同职业兴趣类型的人往往具有不同的职业人格特征，并倾向于一定的职业活动。霍兰德强调，个体寻找能够使他们表达兴趣的工作环境，如E型的人寻找E型的工作环境，I型的人寻找E型的工作环境。虽然一个人可能同时有多种类型的职业兴趣，但通常有一种占主要优势的职业兴趣特征，而其他职业兴趣相对较弱。六种职业兴趣类型之间越有相关关系，相容性就越强，个人在选择职业时所面临的内心冲突和犹豫就会越少。因此，占主导地位的职业兴趣类型可以为个人选择职业和工作环境提供方向。在霍兰德看来，如果个人职业兴趣与特定工作环境相一致或适配，那么他就很可能进入这种工作环境，并对这种工作环境更满意，也乐意付出更多的工作投入。这样，个人在这种工作环境中就会有更好的表现，工作变动与调换也会较少，留在这种工作环境中的时间也较长，并且会有较高的职业成就感。当个体所从事的职业和他的职业兴趣类型匹配时，个体的巨大潜在能力可以得到最彻底的释放，并促使他积极地和愉快地投入到职业中去。所以，职业兴趣是人们职业活动的巨大动力。

由于比较注重与实践相结合,分析简明清楚,且较为符合逻辑实证的科学标准,霍兰德职业兴趣六边形模型理论为了解职业兴趣和进行职业兴趣分类与测试提供了依据,也指出了职业兴趣量表应具有的基本架构。除了获得大量职业兴趣测试的实证研究外,霍兰德职业兴趣六边形模型理论还在职业兴趣决策、构建职业兴趣量表、组织职业信息分类、职业发展咨询和职业教育课程结构组织等方面提供了重要的依据。不少新编制的职业兴趣量表在计分和测试结果解读上,都以霍兰德职业兴趣六边形模型理论为基础,如斯朗特—坎贝尔职业兴趣测验的修订版、库德的职业兴趣量表、美国大学测验服务中心的职业兴趣量表和兴趣测查量表等,都把职业兴趣测试定义为六边形结构。霍兰德六边形模型理论强调,“人职匹配”是个人职业满意和成功的原则。这在当代社会职业类型和工作内容快速发展变化的环境中显得更加重要,也最具代表性。比如美国国防部“职业倾向综合测试”(ASVAB)项目和劳工部“职业信息网络”(O * NET)等系统就应用了霍兰德六边形模型理论。目前,霍兰德基于六边形模型理论编制的两种职业兴趣测试量表(VPI、SDS),与库德和斯特朗的职业兴趣量表(KOIS、SCII)一起,成为世界职业兴趣测试中最具影响力的测评工具,越来越受到人们的重视并得到应用。

(二)罗伊的圆形模型理论

罗伊(A.Roe)首先以责任、能力和技能的程度为依据,提出了圆形模型,将各种职业兴趣分成六个水平。之后在每个水平上又区分出八种职业兴趣类型。然后又按职业活动过程中人际关系的程度和性质,顺时针方向把八种职业兴趣类型排列在一个圆内,以表示这些职业兴趣类型之间的关系。因此,圆形模型也称八分仪模型,目的是揭示职业兴趣类型之间存在不同相似性的大小关系。相邻类型之间的间距相等,距离邻近的职业兴趣类型被认为在人际关系的性质和程度上较为接近或相似。类型之间的相间关系较弱,相对关系为最弱。如图 4-14 所示。

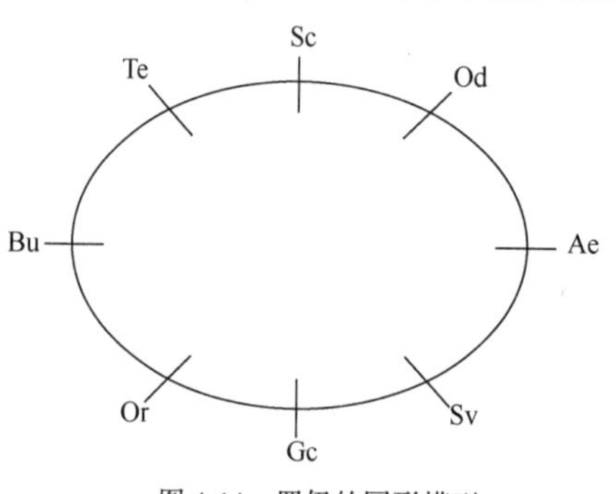

图 4-14 罗伊的圆形模型

罗伊提出的职业兴趣圆形模型的排列见解,后来得到了一些实证的支持,但同时也

受到一些研究者的质疑,如有人认为职业兴趣类型之间还存在着不同的排列顺序。

(三) 加蒂的层级结构模型理论

加蒂(I.Gati)针对霍兰德的六边形模型理论的局限性,并在综合了罗伊的圆形模型理论的基础上,提出了职业兴趣的层级模型。加蒂认为,兴趣是一个发展变化的过程,可能要经过连续的多个变化,并在变化过程中产生分化。在加蒂看来,人们通常根据职业特征来认知职业;对职业的认知相似性会随着共同方面的特征增加而增加。加蒂的层级模型不是以单一的步骤对职业兴趣进行划分,而是按照几种不同的步骤进行分类。兴趣类型之间的邻近距离在层级模型中用"树形"表示。任何两种类型之间的距离用连接它们的"树枝"的最短距离的长度来反映。层级结构首先按职业兴趣的显著特征进行分类,之后根据细小的差别进行分类。如图 4-15 和图 4-16 所示。

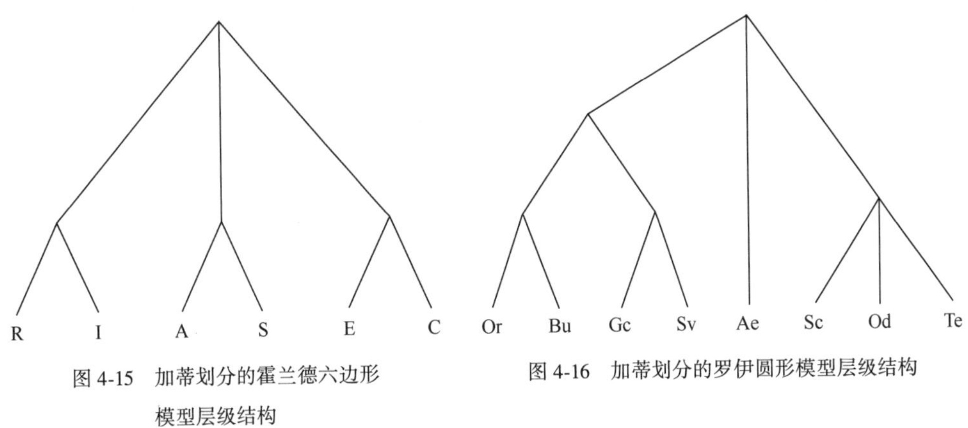

图 4-15　加蒂划分的霍兰德六边形模型层级结构

图 4-16　加蒂划分的罗伊圆形模型层级结构

加蒂的层级模型把职业兴趣类型按三种层级水平进行排列,因此也被称三分组模型。加蒂通过层级结构模型对霍兰德的六种职业兴趣类型重新划分了三分组模型结构,对罗伊的八种职业类型的圆形结构模型也进行了层级结构划分。在层级模型中,职业兴趣的最高层为软科学和硬科学两个组;第二层为两个组细分成的小组,每一小组又细分成更小的子集,子集又分成独立的领域,其数目与特征根据所采用的特定分类系统而定;第三层为每个领域中再划分出来的不同职业。

(四) 普雷迪格的二维结构模型理论

随着职业兴趣内涵研究的深入,普雷迪格(D.J.Prediger)根据工作任务的性质，把职业兴趣分成人物、事物、数据和观念四种类型。在对霍兰德职业兴趣六边形模型理论进行了全面研究之后，普雷迪格采用成分分析法，考察了人物、事物，数据、观念两个维度与霍兰德量表之间的匹配，认为这两个任务维度与霍兰德的职业兴趣类型存在一致性。于是普雷迪格在人物、事物，数据、观念这两个维度上提出了职业兴趣的二维结构模型，使得职业兴趣类型与职业性质得到了较好的结合。普雷迪格提出的职业兴趣二维结构模型后来也得到了一些研究的验证，认为二维结构的存在是霍兰德六边形结构的基础，并发现在霍兰德六边形模型中存在着二维结构。同时，普雷迪格职业兴趣的二维结构模型也得到了积极的推广应用。最典型的是美国大学考试中心(ACT)采用霍兰德 RIASEC 结构来建构职业兴趣量表(ACT-VIP)和兴趣测查量表(ACT-IV)等测试量表，对普雷迪格职业兴趣二维结构模型理论研究进了深入的推进，即综合应用霍兰德六种兴趣类型理论和普雷迪格二维结构模型理论，将职业群体的具体位置标定在坐标图上，得到了十二个区域共二十三个职业群的“工作领域图”。这为职业兴趣测试与职业选择提供了依据。

二、霍兰德职业兴趣测评的价值和作用

(一) 霍兰德职业兴趣测评的价值分析

霍兰德的职业兴趣理论主要从兴趣的角度出发来探索职业指导的问题。他明确提出了职业兴趣的人格观，使人们对职业兴趣的认识有了质的变化。霍兰德的职业兴趣理论反映了他长期专注于职业指导的实践经历，他把对职业环境的研究与对职业兴趣个体差异的研究有机地结合起来，而在霍兰德的职业兴趣类型理论提出之前，二者的研究是相对独立进行的。霍兰德以职业兴趣理论为基础，先后编制了职业偏好量表(Vocatlonal Preference lnventory)和自我导向搜寻表(Self-directed Search)两种职业兴趣量表，作为职业兴趣的测查工具，力求为每种职业兴趣找出两种相匹配的职业能力。兴趣测试和能力测试的结合在职业指导和职业咨询的实际操作中起到了促进作用。

霍兰德将其职业人格类型理论运用于美国劳工部制定的职业条目词典，根据其中职业分析的有关内容，将其中 12099 种职业赋予霍兰德人格类型代码。编纂了《霍兰德职业代码词典》(*The Dictionary of Holland Occupational Codes*)，为各类人

员按照自己的职业兴趣类型搜寻合适的职业提供了广泛的应用前景。

霍兰德的职业兴趣理论还提出,兴趣是描述人格的另一种方法,是职业选择中一个更为普遍的概念。在霍兰德的理论中,人格被看作兴趣、价值、需求、技巧、信仰、态度和学习个性的综合体。就职业选择而言,兴趣是个体和职业匹配的过程中最重要的因素,直至目前,霍兰德职业兴趣理论是最具影响力的职业发展理论和职业分类体系。

(二)霍兰德职业兴趣测评对于企业招募人才的价值分析

职业兴趣作为一种特殊的心理特点,由职业的多样性和复杂性反映出来。职业兴趣上的个体差异是相当大的,也是十分明显的。因为,一方面,现代社会职业划分越来越细,社会活动的要求和规范越来越复杂,各种职业间的差异也越来越明显,所以对个体的吸引力和要求也就迥然不同;另一方面,个体自身的生理、心理、教育、社会经济地位、环境背景不同,所乐于选择的职业类型、所倾向于从事的活动类型和方式也就不同。

不同职业的社会责任、满意度、工作特点、工作风格、考评机制各不相同。同时,这种差异决定着不同职业对于员工的职业兴趣有着特殊的要求。现代人力资源管理的基本原则是将合适的人放在合适的岗位上。人与职位的匹配应该包括两个方面的内容:一是人的知识、能力、技能与岗位要求相匹配;二是人的性格、兴趣与岗位相适应,这一点更为重要。因此,企业在招募新员工时,就非常有必要对申请在本企业工作的人员进行职业兴趣的测评,了解申请者的职业兴趣、人格类型。通过测试,企业可以得知它所能提供的职业环境是否与申请者的职业兴趣类型相匹配,换句话说,企业可以判断申请者是否适合在本企业的职业环境中工作。所以,企业在招募人才的过程中,如果能够坚持以霍兰德的职业兴趣理论为指导,不仅可以招募到适合本企业的人才,还可以在招聘工作中减少盲目性,通过职业兴趣的测试,企业还可以给予新员工最适合的工作环境,以期他们在工作中最大限度地发挥聪明才干。

(三)霍兰德职业兴趣测评对于职业选择和职业成功价值分析

职业兴趣是职业选择中最重要的因素,是一种强大的精神力量。职业兴趣测验可以帮助个体明确自己的主观倾向,从而能得到最适宜的活动情境并给予最大的能力投入。根据霍兰德的理论，个体的职业兴趣可以影响其对职业的满意程度。当个体所从事的职业和他的职业兴趣类型匹配时，个体的潜在能力可以得到最彻底的发挥，工作业绩也更加显著。在职业兴趣测试的帮助下，个体可以清晰地了解自己的职业兴趣类型和在职业选择中的主观倾向，从而在纷繁的职业机会中寻找到最适合自己的职业，避免职业选择中的盲目行为。尤其是对于大学生和缺乏职业经验的人，霍兰德的职业兴趣理论可以帮助做好职业选择和职业设计，成功地进行职业调整，从整体上认识和发展自己的职业能力，职业兴趣也是职业成功的重要因素。

三、霍兰德职业兴趣测评主要模块及内容

（一）测试模块

1. 现实型(R)

共同特点：

愿意使用工具从事操作性工作，动手能力强，做事手脚灵活，动作协调。偏好于具体任务，不善言辞，做事保守，较为谦虚。缺乏社交能力，通常喜欢独立做事。

典型职业：

喜欢使用工具、机器，需要基本操作技能的工作。对要求具备机械方面才能、体力或从事与物件、机器、工具、运动器材、植物、动物相关的职业有兴趣，并具备相应能力。例如，技术性职业(计算机硬件人员、摄影师、制图员、机械装配工)，技能性职业(木匠、厨师、技工、修理工、农民)。

2. 研究型(I)

共同特点：

思想家而非实干家，抽象思维能力强，求知欲强，肯动脑，善思考，不愿动手。喜欢独立的和富有创造性的工作。知识渊博，有学识才能，不善于领导他人。考虑问题理性，做事喜欢精确，喜欢逻辑分析和推理，不断探讨未知的领域。

典型职业：

喜欢智力的、抽象的、分析的、独立的定向任务，要求具备智力或分析才能，并将其用于观察、估测、衡量、形成理论、最终解决问题的工作，并具备相应的能力。例如，科学研究人员、教师、工程师、电脑编程人员、医生、系统分析员。

3. 艺术型(A)

共同特点：

有创造力，乐于创造新颖、与众不同的成果，渴望表现自己的个性，实现自身的价值。做事理想化，追求完美，不重实际。具有一定的艺术才能和个性。善于表达、怀旧，心态较为复杂。

典型职业：

喜欢的工作要求具备艺术修养、创造力、表达能力和直觉，并将其用于语言、行为、声音、颜色和形式的审美、思索与感受，具备相应的能力，不善于事务性工作。例如，艺术方面(演员、导演、艺术设计师、雕刻家、建筑师、摄影家、广告制作人)，音乐方面(歌唱家、作曲家、乐队指挥)，文学方面(小说家、诗人、剧作家)。

4. 社会型(S)

共同特点：

喜欢与人交往、不断结交新的朋友、善言谈、愿意教导别人。关心社会问题、渴望发挥自己的社会作用。寻求广泛的人际关系，比较看重社会义务和社会道德。

典型职业：

喜欢要求与人打交道的工作，能够不断结交新的朋友，从事提供信息、启迪、帮助、培训、开发或治疗等工作，并具备相应能力。例如，教育工作者(教师、教育行政人员)，社会工作者(咨询人员、公关人员)。

5. 企业型(E)

共同特征：

追求权力、权威和物质财富，具有领导才能。喜欢竞争，敢冒风险，有野心、抱负。为人务实，习惯以利益得失、权利、地位、金钱等来衡量做事的价值，做事有较强的目的性。

典型职业：

喜欢要求具备经营、管理、劝服、监督和领导才能，以实现机构、政治、社会及经济目标的工作，并具备相应的能力。例如，项目经理、销售人员、营销管理人员、政府官员、企业领导、法官、律师。

6. 传统型(C)

共同特点：

尊重权威和规章制度，喜欢按计划办事，细心、有条理，习惯接受他人的指挥和领导,自己不谋求领导职务。喜欢关注实际和细节情况,通常较为谨慎和保守,缺乏创造性,不喜欢冒险和竞争,富有自我牺牲精神。

典型职业:

喜欢要求注意细节、精确度、有系统有条理,具有记录、归档、据特定要求或程序组织数据和文字信息的职业,并具备相应能力。例如,秘书、办公室人员、记事员、会计、行政助理、图书馆管理员、出纳员、打字员、投资分析员。

(二) 测试内容

本问卷共90道题目,每道题目都是一个陈述,请你根据自己的真实情况对这些陈述进行评价,如果符合实际情况就在相应的题目前打“√”,否则打“×”,不要漏答。

1. 强壮而敏捷的身体对我很重要。
2. 我必须彻底地了解事情的真相。
3. 我的心情受音乐、色彩和美丽事物的影响极大。
4. 和他人的关系丰富了我的生命并使它有意义。
5. 我自信会成功。
6. 我做事必须有清楚的指引。
7. 我擅长自己制作、修理东西。
8. 我可以花很长的时间去想通事情的道理。
9. 我重视美丽的环境。
10. 我愿意花时间帮别人解决个人危机。
11. 我喜欢竞争。
12. 我在开始一个计划前会花很多时间去计划。
13. 我喜欢使用双手做事。
14. 探索新构思使我满意。
15. 我通过寻求新方法来发挥我的创造力。
16. 我认为能把自己的焦虑和别人分担是很重要的。
17. 成为群体中的关键任务执行者,对我很重要。
18. 我对于自己能重视工作中的所有细节感到骄傲。
19. 我不在乎工作把手弄脏。
20. 我认为教育是个发展及磨炼脑力的终身学习过程。
21. 我喜欢非正式的穿着,尝试新颜色和款式。
22. 我常能体会到某人想要和他人沟通的需要。
23. 我喜欢帮助别人不断改进。
24. 我在决策时,通常不愿冒险。
25. 我喜欢购买小零件,做成成品。
26. 有时我长时间阅读,玩拼图游

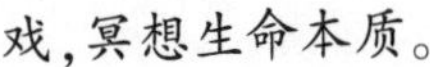

戏，冥想生命本质。

27. 我有很强的想象力。

28. 我喜欢帮助别人发挥天赋和才能。

29. 我喜欢监督事情直至完工。

30. 如果我面对一个新情景，会在事前做充分的准备。

31. 我喜欢独立完成一项任务。

32. 我渴望阅读或思考任何可以引发我好奇心的东西。

33. 我喜欢尝试创新的概念。

34. 如果我和别人有摩擦，我会不断尝试化干戈为玉帛。

35. 要成功就必须定高目标。

36. 我喜欢为重大决策负责。

37. 我喜欢直言不讳，不喜欢转弯抹角。

38. 我在解决问题前，必须对问题进行彻底分析。

39. 我喜欢重新布置我的环境，使它们与众不同。

40. 我经常借着和别人交谈来解决自己的问题。

41. 我常想起草一个计划，而由别人完成细节。

42. 准时对我来说非常重要。

43. 从事户外活动令我神清气爽。

44. 我不断地问：为什么？

45. 我喜欢自己的工作能够抒发我的情绪和感觉。

46. 我喜欢帮助别人找可以和他人相互关注的办法。

47. 能够参与重大决策是件令人兴奋的事情。

48. 我经常保持清洁，喜欢有条不紊。

49. 我喜欢周边环境简单而实际。

50. 我会不断地思索一个问题，直到找出答案为止。

51. 大自然的美深深地触动我的灵魂。

52. 亲密的人际关系对我很重要。

53. 升迁和进步对我极重要。

54. 当我把每日工作计划好时，我会较有安全感。

55. 我不害怕过重的工作负荷，且知道工作的重点。

56. 我喜欢能使我思考、给我新观念的书。

57. 我希望能看到艺术表演、戏剧及好的电影。

58. 我对别人的情绪低潮相当敏感。

59. 能影响别人使我感到兴奋。

60. 当我答应一件事时，我会监督所有细节。

61. 我希望粗重的肢体工作不会伤害任何人。

62. 我希望能学习所有使我感兴趣的科目。

63. 我希望能做些与众不同的事。

64. 我对别人的困难乐于伸出援手。

65. 我愿意冒一点险以求进步。

66. 当我遵循成规时,我感到安全。

67. 我选车时,最先注意的是好的引擎。

68. 我喜欢能刺激我思考的话。

69. 当我从事创造性的事时,我会忘掉一切旧经验。

70. 我对社会上有许多人需要帮助感到关注。

71. 说服别人依计划行事是件有趣的事情。

72. 我擅长检查细节。

73. 我通常知道如何应付紧急事件。

74. 阅读新发现的书是件令人兴奋的事情。

75. 我喜欢美丽、不平凡的东西。

76. 我经常关心孤独、不友善的人。

77. 我喜欢讨价还价。

78. 我花钱时小心翼翼。

79. 我用运动来保持强壮的身体。

80. 我经常对大自然的奥秘感到好奇。

81. 尝试不平凡的新事物是件相当有趣的事情。

82. 当别人向我诉说他的困难时,我是个好听众。

83. 做事失败了,我会再接再厉。

84. 我需要确切地知道别人对我的要求是什么。

85. 我喜欢把东西拆开,看看能否修理它们。

86. 我喜欢研读所有的事实,再有逻辑地做出决定。

87. 没有美丽事物的生活,对我而言是不可思议的。

88. 人们经常告诉我他们的问题。

89. 我常能借着资讯网络和别人取得联系。

90. 小心谨慎地完成一件事是件有成就感的事情。

评分办法:下表中的数字代表上列兴趣测验中的题号

现实型	1	7	13	19	25	31	37	43	49	55	61	67	73	79	85
研究型	2	8	14	20	26	32	38	44	50	56	62	68	74	80	86
艺术型	3	9	15	21	27	33	39	45	51	57	63	69	75	81	87
社会型	4	10	16	22	28	34	40	46	52	58	64	70	76	82	88
企业型	5	11	17	23	29	35	41	47	53	59	65	71	77	83	89
常规型	6	12	18	24	30	36	42	48	54	60	66	72	78	84	90

请算出每种类型打“√”的数目，并填在下面：

现实型_____　研究型_____　艺术型_____　社会型_____　企业型_____ 常规型_____

将上述分数从高到低依次排好，并填在下面：

第一位_____　第二位_____　第三位_____　第四位_____　第五位_____ 第六位_____

第四节　加德纳多元智能测评系统

一、加德纳多元智能测评系统简介

传统的智力理论认为人类的认知是一元的、个体的智能是单一的、可量化的，而美国教育家、心理学家霍华德·加德纳（Howard Gardner）在1983年出版的《智力的结构》一书中提出“智力是在某种社会或文化环境或文化环境的价值标准下，个体用以解决自己遇到的真正的难题或生产及创造出有效产品所需要的能力”。每个人都至少具备语言智力、逻辑数学智力、音乐智力、空间智力、身体运动智力、人际关系智力和内省智力，后来，加德纳又添加了自然智力。这一理论被称为多元智能理论（Multiple Intelligences）。

这一理论认为，不存在单纯的某种智力和达到目标的唯一方法，每个人都会用自己的方式来发掘各自的大脑资源，这种为达到目的所发挥的各种个人才智才是真正的智力，造就了人与人之间的不同。

在开发多元智能的同时，不同个体在不同情境下，不同能力就得到不同程度的发掘，不同能力就构建了不同的职业倾向。例如，建筑师及雕塑家的空间智力比较强、运动员和芭蕾舞演员的肢体运作智能较强、公关人员的人际智能较强、作家的语言智能和内省智能较强等。

加德纳认为，智力的基本性质是多元的——不是一种能力而是一组能力，其基本结构也是多元的——各种能力不是以整合的形式存在而是以相对独立的形式存在的。而现代社会需要各种人才，这就要求教育必须促进每个人各种智力的全面发展,让个性得到充分的发展和完善。

二、加德纳多元智能测评的价值和作用

(一)帮助树立积极乐观的成长成才观

加德纳的多元智能理论认为,每一个学生的智力都各具特点并有自己独特的表现形式,有自己的学习类型和学习方法。由此,加德纳的多元智能理论为我们树立积极乐观的学生观提供了一个理论上的新视角——我们的学校里再也不应该有所谓"差生"的存在,只应该有各具智力特点、智力表现形式、学习类型、学习方法和发展方向的可造就人才的聚集。第一,对所有学生都抱有热切的成才期望,充分尊重每一个学生的智力特点,使我们的教育真正成为"愉快教育"和"成功教育"。第二,针对不同学生和不同智力特点进行"对症下药"的教育教学,即教师的教育教学方法不仅应该根据不同的教育教学对象而有所不同,而且应该根据不同的教育教学领域而有所不同。第三,对学生的评价应该从智力的各个方面、通过多种渠道、采取多种形式、在多种不同的实际生活和学习情境下进行,并以此为依据选择和设计适宜的教学内容与教学方法,使我们对学生的评价确实成为促进每一个学生充分发展的有效手段。

(二)注重培养学生的创造能力

不仅现实生活需要每个人都充分利用自身的八种智力来解决各种实际问题,而且社会的进步需要个体创造出社会需要的物质产品和精神产品,而以上八种能力的充分发展才应该被视作智力充分发展的证明。从本质上讲,解决实际问题的能力也是一种创造能力,因为它主要是综合运用多方面的智力和知识,创造性地解决现实生活中没有先例可循的新问题特别是难题的能力。由此,加德纳的多元智能理论为我们注重培养学生的创造能力提供了一个理论上的新依据——我们教育教学内容的重点被定位为学生书面语言能力和抽象逻辑能力培养的情况应该改一改了,我们应该从培养学生的实践能力着手,着重培养学生的创造能力,即解决现实生活中实际问题的能力和创造出社会需要的物质产品与精神产品的能力。第一,充分认识创造和及早培养创造能力的重要性。社会进步不会自动出现,未来世

界需要我们去创造;个人价值不会在循规蹈矩中体现,美好人生只能在创造中实现。而由于儿童的大脑不受清规戒律的束缚,不受客观情理的制约,最容易迸发出自由自在的创造火花,所以我们应该及早培养学生的创造能力。第二,挖掘教育教学内容中的创造因素。在有组织的教育教学活动中,挖掘、增加培养创造能力的内容并进行创造性的教与学,使学生的创造意识不断萌发,创造能力迅速提高。第三,组织课内外、校内外的实践活动,特别是小发明、小创造活动。尽可能多地创造机会让学生广泛地参加创造出作品、产品或其他成果的活动,把培养学生的创造能力真正落到实处。

(三)强调保证学生的全面发展

人的智力领域是多方面的,人们在解决实际问题时所需要的智力也是多方面的,现实生活需要每个人都充分利用多种智力来解决各种实际问题。由此加德纳的多元智能理论为我们保证学生的全面发展提供了一个理论上的新支点——我们不能片面地向学生展示某几个智力领域了,我们向学生展示的智力领域应该是全方位的,是能够在真正意义上保证学生全面发展的。第一,课堂中基本知识和基本概念的教学应该涉及多个智力领域,从不同的角度、通过不同的活动帮助学生理解和学习,以期调动学生的多方面智力潜能。第二,重新思考和设计课外教育教学活动。我们的课外教育教学活动可以根据智力领域或知识范畴的不同划分成不同的兴趣小组,向学生展示多方面的智力领域,在真正意义上保证学生的全面发展。

(四)促进学生特殊才能的充分展示

根据加德纳的多元智能理论,每一个体都有相对而言的优势智力领域,如有的人显露出过人的音乐能力,有的人则表现出超常的数学能力,而每一个体不同优势智力领域的充分发展才能使个体的特殊得到充分展示、个性得以充分体现,才能保证个体适应并立足于当今这个极具个性化的时代。由此,加德纳的多元智能理论为我们促进学生特殊才能的充分展示提供了一个理论上的新借鉴——人的智力特点和表现是不平衡的,我们应该充分尊重每个学生的优势智力领域,并努力挖掘每一学生特殊才能的巨大潜力,使每个学生都生活在欣赏与尊重之中,并由此培养起所有学生的自信心和自尊心。

三、加德纳多元智能测评主要模块及内容

(一) 语言智力

语言智力(linguistic intelligence)是指对外语的听、说、读、写的能力,表现为个人能够顺利而高效地利用语言描述事件、表达思想并与人交流的能力。这种智力在记者、编辑、作家、演说家和政治领袖等的身上有比较突出的表现,如由记者转变为演说家、作家和政治领袖的丘吉尔。这是一种与生俱来的口才能力,但是和知识面无关。

(二)音乐智力

音乐智力(musical intelligence)是指感受、辨别、记忆、改变和表达音乐的能力,具体表现为个人对音乐美感反映出的包含节奏、音准、音色和旋律在内的感知度,以及通过作曲、演奏和歌唱等表达音乐的能力。这种智力在作曲家、指挥家、歌唱家、演奏家、乐器制造者和乐器调音师身上有比较突出的表现。

(三) 逻辑-数学智力

逻辑-数学智力(logical-mathematical intelligence)是指运算和推理的能力,表现为对事物间各种关系,如类比、对比、因果和逻辑等关系的敏感,以及通过数理运算和逻辑推理等进行思维的能力。它是一种对于理性逻辑思维较显著的智力体现。对数字、物理、几何、化学乃至各种理科高级知识有超常人的表现,是理性的思考习惯者;一些数学家、物理科学家在这个方面的智力点数往往都不低！在侦探、律师、工程师和科学家身上有比较突出的表现。

(四) 空间智力

空间智力(spatial intelligence)是指感受、辨别、记忆、改变物体的空间关系并借此表达思想和情感的能力,表现为对线条、形状、结构、色彩和空间关系的敏感,以及通过平面图形和立体造型将它们表现出来的能力。同时,对宇宙、时空、维度空间及方向等领域的掌握理解,是更高一层智力的体现,是有相当的理性思维基础习

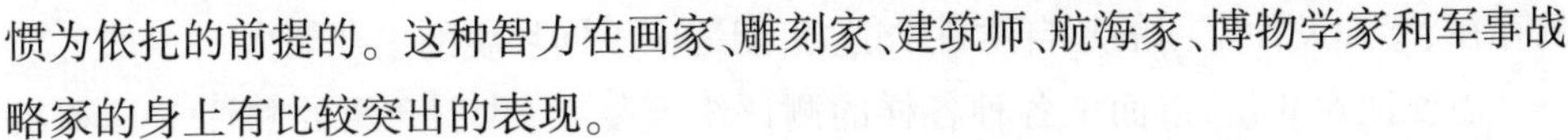

惯为依托的前提的。这种智力在画家、雕刻家、建筑师、航海家、博物学家和军事战略家的身上有比较突出的表现。

(五) 身体运动智力

身体运动智力(bodily kinesthetic intelligence)是所有体育运动员,尤其是世界奥运冠军们必须具备的一项智力。运用四肢和躯干的能力,表现为能够较好地控制自己的身体,对事件能够做出恰当的身体反应,以及善于利用身体语言表达自己的思想和情感的能力。这种智力在运动员、舞蹈家、外科医生、赛车手和发明家身上有比较突出的表现。

(六) 内省智力

内省智力(intrapersonal intelligence)是指认识洞察和反省自身的能力,表现为能够正确地意识到和评价自身的情感、动机、欲望、个性、意志,并在正确的自我意识和自我评价的基础上形成自尊、自律和自制的能力。客观、公正、勇气、自信地建立基础,因为人最看不清的就是自己,正如俗话所说:你最难战胜的就是你自己!可见这个对手很强大。人在主观时是很盲目的,正是因为真知的逐渐形成才会变得无畏,就好像小孩子都害怕去医院打针,而当渐渐长大,就不会再为打针吃药而恐惧了。这种智力在哲学家、思想家、小说家的身上有比较突出的表现。

(七) 人际关系智力

人际关系智力(interpersonal intelligence)是指与人相处和交往的能力,表现为觉察、体验他人情绪、情感和意图并据此做出适宜反应的能力,也是情商的最好展现。因为人和人的交流就是靠语言或眼神以及文字书写方式来传递的。这些人往往是组织的焦点,如明星或者政客等。这种智力在教师、律师、推销员、公关人员、谈话节目主持人、管理者和政治家等的身上有比较突出的表现。

(八) 自然智力

自然智力(natural intelligence)是指认识世界、适应世界的能力,是一种在自然世界里辨别差异的能力,如植物区系和动物区系、地质特征和气候。对我们自己身处的这个大自然环境的规律认知,如历史、人体构造、季节变化、方向的确立、磁极的存在、感知灵性空间的超自然科学能力,能适应不同环境的生存能力。

需要注意的是,市面上各种各样的测评纷繁复杂,我们介绍的测评工具和系统,都是属于专业的应用心理测评工具和系统,是经过了大样本试测并经过了长时间的修订和信度效度检验的。即使这样,我们也要理性地对待测评结果和报告。测评只是帮助我们进一步了解自己的方式和手段,并不是目的。我们应该以测评报告为依据,调整自己的行为和待人处事的方式,而不应该过度解读测评报告,为自己的不如意找借口并垂头丧气。

【实训活动】

根据自身情况,通过学校提供的测评渠道或者以下网址进行相关测评,获取测评报告后,可以与小组成员交流,也可以寻求专业测评分析师的帮忙,解读报告。

MBTI 职业性格测评网址:

https://www.beiniu2345.com/cn/ipad/ceshi/index1.html?EnterKey=mbq2&bd_vid=8638026419394045234

霍兰德职业兴趣测评网址:

http://www.apesk.com/holland/index.html

加德纳多元智能测评网址:

https://www.xinlixue.cn/wp/archives/2269.html

【课后作业】

- 什么是职业测评?不同类型的职业测评的价值和作用是什么?
- 为什么各大用人单位在招聘人才时,越来越多地使用各类职业测评工具?
- 你有过被用人单位进行各类测评的经历吗?如果有,请把当时测评的感受与小组同学分享一下。
- 通过本章的学习,你最大的收获是什么?

下篇　求职实践

聪明的资质、内在的干劲、勤奋的工作态度和坚韧不拔的精神，这些都是科学研究成功所需的其他条件。

——〔英〕贝弗里奇

第五章　职业市场调研

【本章学习目标】

- 明确市场调研的含义
- 了解市场调研的特点、意义及作用
- 掌握调研方法及调研的基本逻辑
- 学会对行业、职业、企业进行调研并撰写报告

【案例导入】

知彼也很重要

【背景】

李同学和室友龙同学都是英语专业大四学生，即将面临毕业。现已到了“春招”时节，两人都将为毕业做打算。李同学根据自身专业，利用课余时间上网和到图书馆查阅相关资料，对英语专业就业前景和方向做了调研，了解到英语专业就业方向为教育教学、翻译议员、商务外贸等。此外，李同学还在校友群里向同专业的学长学姐“取经”，关注他们现在的工作与专业相关度，了解相应的薪资报酬。李同学结合自己的兴趣爱好和取得的教师资格证、TEM8（英语专业八级）证书、中级口译证书、计算机二级证书等确定了两个职业方向：中学教师（学校、培训机构）和翻译员。之后他便一边在学校就业指导中心网站上筛选符合的来校招聘单位信息，一边利用手机上的求职软件向心仪的公司投递电子简历。

龙同学认为自己马上就要毕业了，有了大学文凭还愁找不到工作？他整天沉

溺于网络游戏中,对自己毕业后的工作要求不高,只要和英语相关的就行。但是最近眼见班上其他同学都开始找工作,内心也跟着着急起来。

【事件】

不久,李同学了解到某知名翻译公司三天后来校招聘。为了成功进入这家公司,李同学在网上查询该公司信息、了解该公司企业文化、浏览该公司新闻,了解分公司地址、交通便利情况等。从就业指导中心网站上发布的招聘简章上认真分析本次招聘岗位的职能、发展前景,并做好笔记,以便现场有机会向招聘人员深入了解。充分了解后,李同学针对性地做了份求职简历。

龙同学在手机求职软件上搜索了关键词"英语",投了很多简历,涵盖少儿英语教育、外贸译员、进口医疗中介,办公地址位于重庆、上海等地。不一会儿,面试邀请响个不停。龙同学看到一下这么多岗位在向他招手,选择了几个工资6000元以上的去面试。面试后,龙同学要不就是嫌位置太远,要不就是觉得岗位后期晋升空间不足,最后垂头丧气地回来。

上午10点,某知名翻译公司的面试开始。李同学信心满满地走进面试间。招聘人员问李同学:"你认为翻译专员的工作是什么?"李同学答:"我认为翻译专员首先要有过硬的专业技能,其次还要有对主客体文化的理解。""我很欣赏贵公司关于'Keep Moving(永不止步)'的翻译,这不仅体现了公司的文化内涵,也引导了青年人坚持奋斗的积极价值观。"随后招聘人员问道:"我们现在在重庆新开了一家分公司,离主城区较远,你能接受工作位置偏远吗?"李同学回答道:"我在网上了解到该公司距离高铁站较近,我回成都的话大概需要80分钟,这对我来说不是问题。"招聘人员继续问道:"你的职业目标是什么?"李同学一一回复,给招聘主管留下深刻印象。

两天后公司通知李同学面试成功,与他签订了三方协议。李同学在毕业后进入分公司实习。然而到了毕业前夕,龙同学还挣扎在各种求职面试中。

【分析】

李同学能够从众多求职者中脱颖而出,除了自身专业能力的因素外,更为重要的是应聘之前对本专业进行的行业调研、职业前景调查、工作单位调研。求职者对行业、企业、岗位的认知的表达,能帮助我们给招聘人员留下良好印象。而龙同学没有明确"知彼"目标,一味投递简历,盲目求职,最终导致在各种面试中挣扎徘徊。

第一节　基本理论与调查方法

一、社会调查的基本理论

近代的社会调查起源于19世纪,其目的在于探讨劳工阶段的贫穷以及社区的性质与问题。其实,当代任何以寻找事实发掘直接的初级资料而进行的调查,都可以归属于社会调查范畴。

一般而言,社会调查固然是搜罗社会事实,不过只有借助严格抽样设计来寻找社会事实才是科学的社会调查,因为这样才能探讨社会现象各变量之间的关系,也因此调查研究才成为社会的科学研究的方法之一。❶

市场调查属于社会调查,是整个市场营销领域中的一个重要元素。市场调查是一种有目的的活动,是一个系统的工程,是对那些用来解决特定营销问题的信息所进行的设计、收集、分析和报告的过程。它把消费者、客户、公众和营销者通过信息联系起来,这些信息有以下职能:识别、定义市场机会和可能出现的问题,制定、优化营销组合并评估其效果。

市场调查要确定说明问题所需的信息,设计收集信息的方法,监测和执行数据收集的过程,分析结果,并把调查中的发现和其含义提供给客户。

市场调查包括定量调查、定性调查、媒体和广告调查、商户和产品调查、特殊社会群体调查、民意测验和案例研究。市场调查具有科学性(市场研究的基本特点)、系统性、客观性、针对性、辅助性等特点。职业市场调查(主要调查行业、职业和用人单位等相关情况)是运用科学理论和方法以及现代化的调查技术手段,通过各种途径收集、整理、分析有关职场资料信息,正确判断和把握市场的现状以及发展趋势,为科学合理的职业决策提供正确依据。

❶ 杨国枢,文崇一,吴聪贤,等.社会行为及行为科学研究法[M].重庆:重庆大学出版社,2006.

二、市场调查方法

根据调查方法的不同对象和不同类型，职业市场调查方法可归纳为以下四种：

第一种，按调查的侧重点分为定性研究调查(Quanlitative research)和定量研究调查(Quatitative research)。定性调查和定量调查是市场调查的一个重要分类。从词义上不难看出二者的侧重点，定量研究调查是与定性研究相对的概念，要考查和研究事物的量，就得用数学工具对事物进行数量的分析，这就叫作定量的研究，也称量化研究，是社会科学领域的一种基本研究范式，也是科学研究的重要步骤和方法之一；定性研究调查是与定量研究相对的概念，定性研究是对研究对象质的规定性进行科学抽象和理论分析的方法，是指通过发掘问题、理解事件现象、分析人类的行为与观点以及回答提问来获取敏锐的洞察力。对任何市场调查项目，定性研究一般先于定量研究进行。

在市场调查的实际操作中，定量与定性调查及其信息具有互补性，一项特定的职业决策可能要求两种方法的共同运用。例如，利用现代统计技术，在仅仅掌握部分数据的情况下可对事物运动规律做出合理的推测。

第二种，按照选择调查对象的方式分为全面普查和重点调查。全面普查是指对调查对象总体所包含的全部单位进行调查。全面普查可获得全面的数据正确反映客观实际，效果明显。但由于全面普查工作量很大，要耗费大量人力、物力、财力，调查周期又较长，一般只在较小范围内采用。重点调查是以有代表性的单位作为调查对象，进而推导出一般结论。这种调查方式由于被调查的对象数目不多，调查主体可以用较少的人力、物力、财力在较短的时间内完成。当然，由于调查对象并非全部，调查结果难免有一些误差。对此，调研人员应引起高度重视，特别是当外部环境发生较大变化时，所选择的对象就可能不具有代表性了。

第三种，按照抽样方法分为随机抽样调查和非随机抽样调查。随机抽样在市场调查中占有重要地位，在实际工作中应用也很广泛。随机抽样最主要的特征是从母体中任意抽取样本，每一样本有相等的机会，事件发生的概率是相等的。因此，可以根据调查样本来推断母体的情况。它又可以分为三种：简单随机抽样、分层随机抽样、分群随机抽样。非随机抽样是指调查人员在选取样本时并不是随机选取，而是先确定某个标准，然后再选取样本数。因此，每个样本被选择的机会并不是相等的。

第四种是按调查所采用的具体方法分为询问法、观察法、实验法。

(1) 询问法。它是指将所拟调查的事项采取面对面、电话或书面的形式向被调查者提出询问并获得所需资料的方法。

询问法按询问的内容可分为:①关于事实的询问法。询问与行业、职业和用人单位有关的基本情况,如哪些行业属于上升期的朝阳行业,哪些行业属于发展成熟的传统行业等。②关于意见的询问法。按照调研意图和目的,对相关意见进行询问。采用询问法进行调查,对所要调查的内容一般都事先设计好调查表,按照调查表要求询问。例如,对于在行业中"浸泡"多年的资深行业人士,可以询问他(她)对行业趋势发展的看法和意见,尤其是行业发展过程中的一些特殊经历;对于"职业生涯榜样人物",可以询问他(她)如何获得的这份职业,这份职业的一天是怎样的,作为职场新人,得到这份职业需要有哪些注意事项,等等。

根据调查人员与被调查者的接触方式,询问法又可分为四种:①面谈询问法。面谈询问法的特点是具有灵活性,能够根据被调查对象的具体情况进行深入的询问,从而获得较多的资料和丰富的市场信息。缺点是耗费人力、时间和费用较多。被调查者有时会受到询问者的影响,使收集到的资料缺少某种客观性。②邮寄调查法。邮寄调查法的优点是调查空间范围扩大,样本数目较大,费用支出较少;缺点是回收率低,花费时间较长。③电话调查法。电话调查法是指借助电话工具进行询问调查。④问卷调查法。问卷调查法是指将制作好的、经过效度检验的问卷由调查人员当面交给被调查者,或者通过在线填写的形式,说明填写问卷的要求,由调查人员收回或在线大数据抓取。

(2) 观察法。观察法指对相关事实和行为的监测与记录的方法,这种方法的主要特点是,调查人员不直接向被调查者提出问题、进行询问,而是由调查人员直接或借助仪器把被调查者的活动按实际情况加以记录。通过观察事件发生经过来判断人们的行为、态度和感受。例如,用观察法可以记录不同职业岗位上的人员的工作状态、态度、在职状况等,从而了解不同职业和岗位对从业人员的要求及相关人员的从业状态。观察法是调查研究组织行为常用的方法,很多在人力资源管理方面非常著名的研究都是通过观察法调研出来的,如科学管理之父泰勒(F. W. Taylor)就使用观察法探索出了科学管理的方法,对"磨洋工"提出了管理的见解。用观察法得到的资料更具客观性和符合事实,但非常耗时且昂贵。

(3) 实验法。实验法指通过实验对比来取得市场情况第一手资料的调查方法,即先在某一个小规模的市场范围内进行实验、观察、记录某项调研客体的反应和市场结果,然后再决定是否值得推广或者进行大范围的调查研究。

总之,在进行社会调查时,可以选择的方法甚多,但由于统计学的发展及调查研究技术的进步,以上罗列的几种方法会被经常使用到,而最常用的就是抽样调查、问卷调查等。调查研究具有相当的科学性,表现为调查研究是合乎逻辑的,调查研究受逻辑指引,都是依循逻辑的原则进行。研究的实际操作包括调查资料的取舍、运用以及分析与解释,都是细心地按逻辑途径实施;调查研究含有决定论的意义,调查研究者对于社会现象所做说明而提出的理由,以及资料的来源、特性及相关,都需要拟定一个因果性的假定。根据逻辑模式可以考查相关现象自变量与因变量间的关系,并且能够判断这种相关关系究竟是直接的还是透过中介变量而产生的;调查研究追求普遍性的事实,调查研究的终极目的不在于描述所研究的特殊的个别样本,而在于从样本显示的情况了解样本由来的群体;调查研究是化繁为简的,调查研究者从众多的变量中找到相关关系,按照逻辑模式解释相关现状,从复杂的情况中去寻求相对简易的规律来解释现象;调查研究是可验证的,调查研究所得的结果,可从事实特性进行有效验证。

既然调查研究有这么多的科学特性,那么接下来,我们就把这些研究方法用在对行业、职业和用人单位的调研中,以期从中获取我们需要的有效信息和一些普遍规律,用于指导我们在行业、职业和用人单位上的选择。

三、调研流程及报告撰写

为了使市场调查能顺利进行,保证其质量,在进行市场调查时应按一定程序来进行,通常包括以下几个方面。

(一) 确定调查目的

确定调查目的是进行市场调查应首先明确的问题,必须确定为什么要做此项市场调查,通过调查要了解哪些情况和问题以及调查结果的用途等。调查目的是职业调查的宗旨,调查研究活动也始终围绕这一宗旨进行。开展市场调查的主要目的是掌握目前职场中的有效信息,为个人或者相关群体进行求职决策时提供建议或者帮助,这一过程可分为三个具体步骤:

1. 情况分析

在拟定正式调查计划之前，必须对现有经济的宏观环境和区域环境进行详细的了解，对拟定要调研的职场环境进行科学判断，从中找出问题的重点并做描述性因果关系研究。

2. 非正式调查

如果对所需要调查的对象知之甚少，就需要做探索性的研究或非正式调查，其资料收集具有较大的灵活性，如已出版发行的资料、个别访谈、网上的资料等。其目的在于探究情况并将其作为正式调查的基础。

3. 确定市场调查的范围

在情况分析和非正式调查之后，对问题的症结有了新认识的基础上，可确定市场调查范围，使调查目标有所确定。

（二）制定调查计划及组织调查人员

在明确调查目的后，可以提出调查的主题以及实施的计划。这是整个市场调查过程中最复杂的阶段。例如，了解近期行业发展趋势、行业里的头部企业、择业难易程度、各岗位选拔人才的标准、不同职业的起薪待遇等。随后需要制订详细的调查计划，然后组织调查人员，并对调查人员进行培训，最后在调查进行前对人员进行分工。

（三）调查资料的获取

调查资料又可分为二手资料和一手资料。二手资料指不是由调查者亲自调查得到的资料。市场调查需收集大量的信息资料，二手资料包括收集已经公布了的信息，而这些信息往往通过统计信息、政府规划等方式，在报纸、杂志、互联网、年鉴等其他市场调查资料中存在。由于职场相关信息的调研受政策等经济环境、区域环境影响较大，相关的产业政策等二手资料的调查对决策有较大的借鉴意义。一手资料是指根据调查计划从被调查对象中获取的原始资料。一手资料调查通常需要对人力、物力进行科学的组织，并对调查人员进行专门培训。通过培训使调查人员的工作能力、业务技术状况达到规定要求，以保证调查工作质量。一手资料调查与二手资料调查通常同时展开。二手资料调查是定性调查，但一手资料调查中定性与定量调查可能同时存在。

（四）资料的汇总及分析处理

市场调查的任务就是将客观存在的事物如实地反映出来，解决现实或将来的问题，因此调查资料的分析处理是相当重要的。调查资料的整理分析是将调查收集到的资料进行整理、统计和分析。首先，要进行编辑整理，就是把零碎的、杂乱的、分散的资料加以筛选，去伪存真，以保证资料的系统性、完整性和可靠性。抽样调查方式本身存在局限，使得市场调查的误差客观存在。因此，在抽样的确定及调查方式的选择上应当遵循科学、合理、提高真实性的原则，并保证问卷设计的准确性，从而在技术上对调查质量予以保障。对收集的资料加以核对、核实、纵览，以保证所取得资料的完整性和连贯性。其次，要进行分类，即对经过编辑的资料进行分类，并制作相应的统计表或统计图，以及观察分析。最后，要对调查资料进行分析，即用统计方法对调查资料进行统计检验，以评定其可靠性，并进行相关分析，如方差分析、回归分析等。

（五）形成调查报告

撰写和形成调查报告是职业市场调查工作的最后一环。调查报告反映了调查工作的最终成果，要十分重视调查报告的撰写。这里所讲的市场调查程序对职业市场调查工作只具有一般性的意义，在实际工作中，可视具体情况科学合理地灵活安排。一般而言，调查报告有其基本的结构框架和逻辑要求。一般来说，调查报告的内容大体有标题、导语、正文、结尾等。

1. 标题

调查报告的标题有单标题和双标题两类。所谓单标题，就是一个标题。其又分为公文式标题和文章式标题两种。其一，标题为“事由+文种”构成，如《浙江省互联网金融行业的调查报告》；其二，标明作者通过调查所得到的观点的标题，如《新职业　新机遇　新要求》。所谓双标题，就是两个标题，即一个正题、一个副题，如《抓住机遇　创新实践　积极探索——2021 年金融行业调查报告》。

2. 导语

导语又称引言。它是调查报告的前言，简洁明了地介绍有关调查的情况，或者提出全文的引子，为正文写作做好铺垫。常见的导语有：①简介式导语。简介式导语对调查的主题、对象、时间、地点、方式、经过等做简明的介绍。②概括式导语。概括式导语对调查报告的内容（包括主题、对象、调查内容、调查结果和分析的结论等）做概括的说明。③交代式导语。交代式导语对主题产生的由来做简明的介绍和说明。

3. 正文

正文是调查报告的主体。它对调查得来的事实和有关材料进行叙述，对所做出的分析、综合进行议论，对调查研究的结果和结论进行说明。正文的结构有不同的框架：①根据逻辑关系安排材料的框架有纵式结构、横式结构和纵横式结构。这三种结构中，纵、横式结构常为人们采用。②按照内容表达的层次组成的框架有："情况—成果—问题—建议"式结构，多用于反映基本情况的调查报告；"成果—具体做法—经验"式结构，多用于介绍经验的调查报告；"问题—原因—意见或建议"式结构，多用于揭露问题的调查报告；"事件过程—事件性质结论—处理意见"式结构，多用于揭示案件是非的调查报告。

4. 结尾

结尾的内容大多是调查者对问题的看法和建议，这是分析问题和解决问题的必然结果。调查报告的结尾方式主要有补充式、深化式、建议式、启发式等。

调查报告结构示例：

标　　题

一、导语（或引言）

介绍社会调查的基本情况，包括社会调查的时间、地点、方式、内容、过程等。

二、调查对象与方法

（一）调查对象

（二）调查方法

三、调查结果与分析

（一）问卷结果

（二）访谈结果

（三）分析结果

四、建议（或对策）

（一）建议

（二）对策（或实施路径）

五、附件

（一）参考资料（信息来源：网址、文献、年鉴等二手资料的来源）

（二）调查问卷

第二节　行 业 调 研

一、对行业分类的认识和理解

行业分类，是指从事国民经济中同性质的生产或其他经济社会的经营单位或者个体的组织结构体系的详细划分，如林业、汽车业、新能源业、交通运输业、金融业等。行业分类可以解释行业本身所处的发展阶段及其在国民经济中的地位。

一般来讲，行业分类就是有规则地按照一定的科学依据，解释行业本身所处的发展阶段及其在国民经济中的地位，分析影响行业发展的各种因素以及判断对行业的影响力度，预测并引导行业的未来发展趋势，判断行业投资价值，揭示行业风向，为各组织机构提供投资决策或投资依据。随着行业的发展，必然遵循由低级的自然资源掠夺性开采利用和低级的人工劳务输出逐步转向规模经济、科技密集型、金融密集型、人才密集型、知识经济型，从输出自然资源逐步转向输出工业产品、知识产权、高科技人才等。

行业的发展受到宏观经济形势、国家政治制度、国家相关政策、产业战略安排、国际关系等因素的影响。同时，行业的发展也对处于不同行业中的用人单位发展，以及不同类型的职业发展起着莫大的调控作用。因此，对于即将进入职业世界的在校大学生而言，了解行业发展情况，是了解职场、理解职业、职业决策、规划职业的第一步。

二、调研行业

（一）对行业生命周期的调研

行业生命周期理论是企业战略管理实践和管理咨询中做企业外部环境分析时广泛使用的一种重要理论工具，它通过行业增长率、市场集中度、竞争状况、市场容量、利润率、技术成熟度等指标，将一个行业从兴起到衰落分成幼稚期、成长期、成熟期和衰退期四个发展阶段，用以指导企业是否进入某个行业以及在现有各战略业务单元之间分配有限资源的战略决策。

行业生命周期(图 5-1)是一种对行业规模、行业竞争强度的发展状况的综合描述,行业生命周期是由行业规模的变化和竞争强度变化来决定的。行业生命周期是每个行业都要经历的一个由成长到衰退的演变过程,是指从行业出现到完全退出社会经济活动所经历的时间。一般分为初创期、成长期、成熟期和衰退期四个阶段。

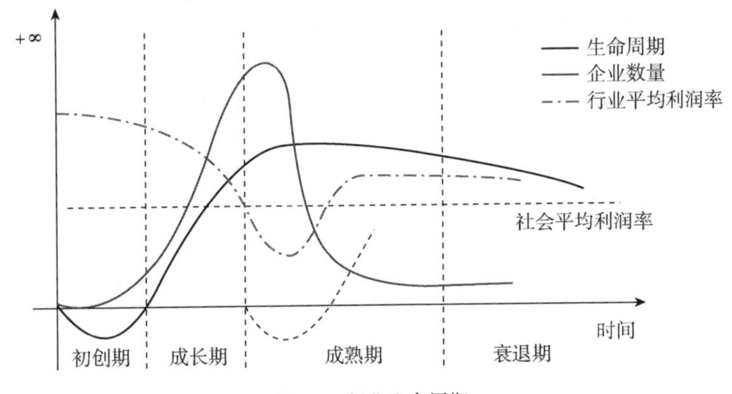

图 5-1　行业生命周期

(1) 初创期:处于幼稚期的行业市场容量非常小,消费者还处于被教育阶段,对产品缺乏认知,单个企业的销量很小,不足以弥补前期产品研发和市场开拓产生的费用,产品和技术发展方向不明晰,亏损的可能性很大,市场风险很高,但是整个行业发展水平很低,竞争不是很激烈,进入壁垒不是很高,便于资本和企业的进入,且一般具有较为光明的前景,就像初生的婴儿,尽管抵抗力很低,随时可能夭折,但还是有长大的可能。

(2) 成长期:产品逐渐被大众所认可,市场需求迅速增长,市场增长率较高,借助于整个行业规模的增长,行业内的所有企业销售规模都有可能增加,而且相互之间的竞争不是很激烈,利润率较高,此阶段依然是行业外企业进入的良好时机。

(3) 成熟期:成熟期的产业市场需求已经接近或达到饱和,市场竞争非常激烈,竞争者相互进入对方的细分市场,产品和技术已经完全形成,由于市场竞争激烈,行业平均利润逐渐走低,开始淘汰一些中小规模的厂商,行业内相互兼并重组,市场集中度逐渐走高,行业竞争格局形成,进入壁垒较高,对资本的需求较低,不适于行业外企业进入。

(4) 衰退期:行业在维持一段成熟期以后,产品和技术逐渐开始老化,新产品和新技术开始出现,原有产品的市场份额逐渐萎缩,部分企业开始退出行业。

识别行业生命周期所处阶段的主要标志有：市场增长率、需求增长潜力、产品品种多少、竞争者多少、市场集中度、进入壁垒，技术革新和用户购买行为等。

行业生命周期模型可以用来制定战略框架，通过市场规模、竞争情况等基本情形确认行业所处生命周期的阶段，从而确认企业的基本战略选择。对于个人而言，对于行业所处的生命周期的认识和了解，也可以帮助选择进入行业的时机。

（二）行业信息获取渠道

1. 行业协会

行业协会是指介于政府、企业之间，商品生产者与经营者之间，并为其服务、咨询、沟通、监督、公正、自律、协调的社会中介组织。行业协会是一种民间性组织，它不属于政府的管理机构系列，而是政府与企业的桥梁和纽带。行业协会属于《中华人民共和国民法典》规定的社团法人，是中国民间组织社会团体的一种，即国际上统称的非政府机构（NGO），属非营利性机构。

（1）行业协会的职能。

①沟通：作为政府与企业之间的桥梁，向政府传达企业的共同要求，同时协助政府制定和实施行业发展规划、产业政策、行政法规和有关法律。

②协调：制定并执行行规行约和各类标准，协调本行业企业之间的经营行为。

③监督：对本行业产品和服务质量、竞争手段、经营作风进行严格监督，维护行业信誉，鼓励公平竞争，打击违法、违规行为。

④公正：受政府委托，进行资格审查、签发证照（如市场准入资格认证）、发放产地证、质量检验证、生产许可证和进出口许可证等。

⑤统计：对本行业的基本情况进行统计、分析并发布结果。

⑥研究：开展对本行业国内外发展情况的基础调查，研究本行业面临的问题，提出建议、出版刊物，供企业和政府参考。

⑦服务：如信息服务、教育与培训服务、咨询服务、举办展览、组织会议等。

（2）行业协会的特征。

①非政府性。行业协会具有相对于政府的独立性，这也决定了它在组织形成、人员编制及财政来源等诸多方面与政府组织存在极大差异。其区别具体体现在：由有关组织自愿组成，不是依政府命令而产生的；其组织具有自主性，在内部实行自我管理，一般不受政府的直接控制，但有时要受政府监督；其工作人员不属国家

公务员系列；主要经费来源不是国家财政拨款。

②自治性。自治性是行业协会的最本质特征。行业协会与其他自治性组织一样，一旦依法成立，就可在法定范围内自主活动，以实现成立该组织的特定目的。这种自我组织、自我管理的自治权是行业协会能够独立存在所必须享有的权利。自治权主要包括自治事务管理权、组织人事权、经费筹集使用权等。

③中介性。托尼·马歇尔(Tony Marshall)曾说："对第三域组织来说，共同点在于它们都作为个人和国家之间的中介者活动，既得以维持社会的团结，又可使社会变迁顺利进行。"❶

行业协会承担的正是国家(政府)与企业(成员)之间的联结和沟通作用，它使"私营部门与公共部门之间达致有效联系"。行业协会公布的数据和动态能够帮助我们了解行业发展的进程和近期的情况。行业协会按照等级又可以分为国家级行业协会、省市级行业协会。现将部分国家级行业协会及其网址罗列如下：

①中国交通运输协会，www. cctaw. cn.

②中国工程建设行业协会，www. ceciaa. org. cn.

③中国水运建设行业协会，www. cwtca. org. cn.

④中国保险行业协会，www. iachina. cn.

⑤中国制造业行业协会，www. miassociation. com.

⑥中国半导体行业协会，www. csia. net. cn.

⑦中国船舶工业行业协会，www. cansi. org. cn.

⑧中国电子电路行业协会，www. cpca. org. cn.

⑨中国仪器仪表行业协会，www. cima. org. cn.

⑩中国医疗器械行业协会，www. camdi. org.

⑪中国互联网协会，www. isc. org. cn.

⑫中国软件行业协会，www. csia. org. cn.

⑬中国粮食行业协会，www. chinagrains. org. cn.

⑭中国光伏行业协会，www. chinapv. org. cn.

2. 行业分析报告

行业研究是通过深入研究某一行业发展动态、规模结构、竞争格局以及综合经

---

❶ 李亚平，于海．第三域的兴起——西方志愿工作及志愿工作组织理论文选[D]．上海：复旦大学，1998.

济信息等,为企业自身发展或行业投资者等相关客户提供重要的参考依据。

行业分析报告一般由企业内部市场部或专业的市场研究公司编制撰写,市场研究公司在数据采集、资料归类、观点提炼、报告撰写方面具备独特的专业优势。

通过行业研究和分析,能够解释行业本身所处的发展阶段及其在国民经济中的地位分析影响行业的各种因素以及判断对行业影响的力度预测并引导行业的未来发展趋势、判断行业投资价值、揭示行业投资风险。

一般的数据研究机构,会定期发布行业分析报告,非定制型分析报告也是免费向大众开放的,可以从相关的国家政府网站、管理咨询公司和投资公司的网站上获得,现将相关网址罗列如下:

①国家统计局,www. stats. gov. cn.

②发现报告,www. fxbaogao. com.

③德勤咨询,www2. deloitte. com/cn/zh. html.

④阿里研究院,www. aliresearch. com/cn/index.

⑤艾瑞网,www. iresearch. cn.

⑥罗兰贝格咨询,www. rolandberger. com.

第三节 职业调研

一、对职业的认识和理解

职业是指参与社会分工,用专业的技能和知识创造物质或精神财富,获取合理报酬,丰富社会物质或精神生活的一项工作。

职业是人们在社会中所从事的作为谋生手段的工作。从社会角度看,职业是劳动者获得的社会角色,劳动者为社会承担一定的义务和责任,并获得相应的报酬。从国民经济活动所需要的人力资源角度来看,职业是指不同性质、不同内容、不同形式、不同操作的专门劳动岗位。

我国职业,根据我国不同部门公布的标准分类,主要有两种类型:

第一种:根据国家统计局、国家标准总局、国务院人口普查办公室 1982 年 3 月公布，供第三次全国人口普查使用的《职业分类标准》。该标准依据在业人口所从事的工作性质的同一性进行分类，将全国范围内的职业划分为大类、中类、小类三层，即8大类、64中类、301小类。其八个大类的排列顺序是：第一，各类专业、技术人员；第二，国家机关、党群组织、企事业单位的负责人；第三，办事人员和有关人员；第四，商业工作人员；第五，服务性工作人员，第六，农林牧渔劳动者；第七，生产工作、运输工作和部分体力劳动者；第八，不便分类的其他劳动者。在八个大类中，第一、二大类主要是脑力劳动者，第三大类包括部分脑力劳动者和部分体力劳动者，第四、五、六、七大类主要是体力劳动者，第八大类是不便分类的其他劳动者。

第二种：国家发展计划委员会、国家经济委员会、国家统计局、国家标准局批准，于1984年发布，并于1985年实施的《国民经济行业分类和代码》。这项标准主要按企业、事业单位、机关团体和个体从业人员所从事的生产或其他社会经济活动的性质的同一性分类，即按其所属行业分类，将国民经济行业划分为门类、大类、中类、小类四级。门类共13个：①农、林、牧、渔、水利业；②工业；③地质普查和勘探业；④建筑业；⑤交通运输业、邮电通信业；⑥商业、公共饮食业、物资供应和仓储业；⑦房地产管理、公用事业、居民服务和咨询服务业；⑧卫生、体育和社会福利事业；⑨教育、文化艺术和广播电视业；⑩科学研究和综合技术服务业；⑪金融、保险业；⑫国家机关、党政机关和社会团体；⑬其他行业。

在特定的组织内，它表现为职位(岗位)，我们在谈某一具体的工作(职业)时，其实就是在谈某一类职位。每一个职位都会对应着一组任务，作为任职者的岗位职责。而要完成这些任务就需要这个岗位上的人，即从事这个工作的人具备相应的知识、技能、态度等。

随着科技的迅猛发展，产业结构、行业发展不断调整、升级，越来越合理化、复合化、高级化、知识化。产业结构调整和发展会影响城市的都市化、环境区位变迁、职业结构、工作和闲暇、消费和娱乐、文化等。其中，产业结构对职业结构的影响主要体现为新产业的兴起，必然产生新的职业和就业机会，而一些旧产业的萎缩，甚至被完全取代，将使从事这些产业的人失业。这些变化，会影响人们的职业稳定性和职业结构的变化。同时，随着产业结构的升级，该产业链上的岗位对就业者的能力、素质技能、专业知识水平的要求会越来越高，就业者的技能需求层次和结构也要随之变动。此外，信息时代，产业特征决定了人才的特征，主要是以高素质、高层次、复合型为特征的人才及流动和科技带头人占主导地位为特征的人才。因此，教育部门尤其是各高校要根据行业或产业结构的变化发展规律和趋势，以及职业和岗位变动的具体情况，形成以职业岗位的能力要求为指导的专业课程体系和人才培养模式，积极提升各类人才的职业知识技能，避免造成人力资源的供给和需求在知识、技能方面的错位，由此引发人力资源优势发挥不充分的问题。

产业结构和人才结构是相辅相成、互相促进的。合理的产业结构可以促进人才结构的优化；科学完善的人才结构可以促进产业结构的转型升级。职业是联结社会和个人的重要媒介，职业结构的变化反映了经济发展对社会变迁的影响，而人力资本及其结构反映了国家的产业发展状况，是产业结构合理化、高级化的重要基础，决定了产业结构转化的方向和速度。其中，人力资本在类型、结构和数量上与产业结构的匹配与否，直接决定了产业结构转化的效率，也是造成收入差距拉大、发展不平衡和失业的重要原因。因此，要做好产业结构优化升级的调整工作，就必须把人才结构的构建、调整和优化放在重要的地位。

总的来说，作为在校大学生，作为最具活力和知识含量较高的准职场新人，在对专业学习的过程中，加入对行业、职业的调研，就是为了适应职业世界做准备。在“人职匹配”理论的指导下，对不同行业和不同类型职业的具体情况进行了解，更加深刻地理解目前的职业市场到底需要什么样的人，应该在知识、技能、能力、职业素养、职业道德和职业精神方面做好哪些准备，更加便于我们求职上岗。

二、调研职业

对于职业的调研，可以分为间接调研和直接调研。间接调研是指通过了解职位说明书(或岗位说明书)、职业生涯人物访谈等方式，获取对这份职业或者岗位的感观认知和间接了解。虽说是感观认知和间接了解，但却是调研职业的第一步。很多时候，无论是在职业生涯规划课堂上还是专业理论课堂上，我们对职业的理解都停留在完全理想化的认知上，或者仅仅是通过职业名称就对职业产生了系列联想。但这份职业和岗位究竟是怎样的，还需要先通过间接认知帮助我们拓展职业视界，相对理性地去了解职业。避免由于幻象和不切实际地联想、猜测而在择业时走弯路以及白白浪费掉宝贵的时间。

(一) 职位说明书

职位说明书是对企业岗位的任职条件、岗位目的、指挥关系、沟通关系、职责范围、负责程度和考核评价内容给予的定义性说明。职位说明书主要包括两个部分：一是职位描述，主要对职位的工作内容进行概括，包括职位设置的目的、基本职责、组织图、业绩标准、工作权限等内容；二是职位的任职资格要求，主要对任职人员的标准和规范进行概括，包括该职位的行为标准，胜任职位所需的知识、技能、能力、个性特征以及对人员的培训需求等内容。职位说明书的这两个部分并非简单地罗列，而是通过客观的内在逻辑形成一个完整的系统。

职位说明书是单位进行人员招聘、制订培训计划和个人发展计划的一种依据。一线经理提出用人申请，人力资源部门在发布招聘启事、甄选面试、确定培训内容、设计员工的职位升迁路径时，都离不开它。

[示例]某公司规划设计师职位说明书

1. 基本资料

岗位名称	规划设计师	岗位编号	000021
直接上级岗位名称	发展设计部经理	直接下级岗位名称	无
本岗位编制(人)	3	本岗位直接下属人数(人)	12

2. 岗位设置目标

指导技术经济分析，参加可行性论证，协助发展设计部经理组织对意向性地块进行设计规划，参与开发项目方案设计及技术交底，对开发项目效果进行全程监控。

3. 岗位关系

3.1　岗位关系图

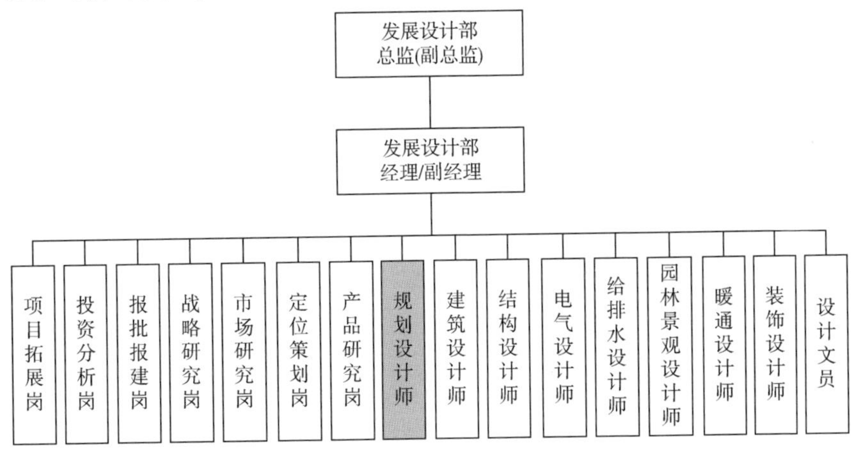

3.2　本岗位可轮换的岗位有：暂无

3.3　本岗位的晋升岗位有：发展设计部副经理

4. 岗位职责

岗位通用职责	
1. 根据部门计划的安排，完成本职工作； 2. 参与公司、部门组织的各类培训； 3. 配合上级领导开展个人绩效考核工作； 4. 负责完成领导交办的其他工作	
岗位专门职责	
1. 产品技术基础研究及标准化	
①	负责跟进本专业行业整体研发水平和行业产品发展趋势，参与产品调研，逐步建立并完善公司技术资料库
②	参与公司新产品研发项目，负责本专业相关部分
③	根据市场研究岗客户细分市场研究成果，针对客户细分及敏感点，将客户研究成果转化为本专业产品设计需求，进行有针对性的产品研究
④	参与产品技术标准研究，在统一的产品理念下，开展产品规划，对项目拓展、定位提出合理性建议，指导项目设计工作
⑤	根据产品线规划，建立本专业材料、设备及部品标准，建立公司产品模型库
⑥	推动本专业产品标准体系的推广、应用，监控产品标准应用情况，并进行总结和报告
2. 设计供方选择和管理	
①	协助建立并完善公司设计合作资源信息平台及评价体系
②	收集本专业设计单位及优秀设计师信息，完善设计类供方（设计单位、外部专家、勘察单位）信息库，并负责外部设计专家资源的统一管理
③	组织本专业设计单位考察、资格审查，编制招标文件技术部分，组织设计开标、评标工作
④	参与本专业设计合同谈判与签订工作，建立并维护设计类合同台账
⑤	负责监督本专业设计供方合同执行情况，对设计质量、进度等进行评估，根据履约评估结果对供方信息库进行更新
3. 前期设计配合	
①	参与项目现场踏勘和市场调研工作，根据产品初步定位提出产品设计原则、要点和草案
②	配合可行性报告的相关章节的编制工作
③	参与可行性研究报告评审会
④	配合产品定位，参与竞争楼盘/项目设计信息调研
⑤	参与项目定位报告评审会，对场地及密度指标分析、楼型配比、规划强排提出建议

续上表

岗位专门职责	
4. 项目设计管理	
①	参与项目开发节点计划编制及协调工作,负责编制设计进度计划并推动执行
②	负责推行限额设计方法,确保职责范围内设计成本控制在目标成本内
③	负责本专业设计单位沟通协调工作,及时了解设计工作开展情况,监控设计质量、进度
④	负责编制概念规划设计任务书,负责对规划方案(总体规划、更新规划、详细规划等)成果组织评审,并负责监督设计单位进行调整、完善
⑤	参与市政专项规划、综合交通规划和景观环境规划工作
⑥	负责指导建筑设计并进行规划控制审核,提供相关专业支持
⑦	协助报批报建岗做好本专业相关证照申领及相关手续(人防、消防、施工图审查等审核手续)的办理工作
⑧	配合本专业相关项目开发报建过程中,对政府部门提出的设计疑问,从专业角度做必要的解释工作
5. 工程管理支持	
①	参与并协调本专业设计单位进行图纸交底会审工作,监督设计单位进行调整、处理
②	负责本专业一般设计变更审核,组织重大设计变更的技术、跟进和落实变更结果,并定期统计变更情况
6. 营销工作审核	
为顾问公司提供本专业技术支持,根据销售资料制作要求和计划,提供各类销售用图纸与数据	

5. 工作联系

内部联系:	公司各部门(专业公司)、项目公司工程部
外部联系:	设计单位、审图公司等

6. 任职要求

6.1　学历及专业要求

6.1.1　学历要求:本科及以上学历。

6.1.2　本岗位适宜专业为:建筑、规划类专业;

6.1.3　专业资格证书要求:具有相关中、高级职称或国家一级注册结构师或一级建筑师资格。

6.2　经验要求

工作经验要求:房地产行业 10 年以上同岗位经验或 10 年以上甲级设计单位

工作经验，独立主持过多种类型物业的规划设计工作和设计管理工作。

6.3 能力与知识要求

6.3.1 基本技能

(1) 计算机能力：熟练掌握 Word/Excel 等办公软件及 Autocad 等专业绘图软件，熟练操作办公自动化系统；

(2) 文字表达能力：对公文及综合性管理报告有良好的文字处理能力；

(3) 口头表达能力：良好的口头表达能力；

(4) 外语能力：英语四级及以上，能进行简单口语交流和借助字典查阅相关专业外文资料。

6.3.2 专业能力要求

熟练掌握建筑、规划设计工作的业务知识与系统操作，了解国家及行业的标准及规范，具有较强的图纸审查能力；熟悉建筑设计、施工、房地产开发流程。

6.3.3 知识要求

房地产专业知识、财务知识，项目管理知识，房地产开发全流程知识。

6.3.4 职业操守

原则性强、责任心强、稳重、敬业。

(二) 职业生涯人物访谈

生涯人物访谈，是通过与一定数量的职场人士(通常是自己感兴趣的职业从业者)会谈来获取关于一个行业、职业和单位“内部”信息的一种职业探索活动。通过访谈，了解该职业岗位的实际工作情况，获取相关职业领域的信息，进而判断自己是否真的对该工作感兴趣。通过职业生涯人物访谈，可以获取相关行业、职业的最新信息；有利于扩大职业人际关系网；能够帮助自己树立面试时的信心；帮助自己找到专业中的不足；能够使求职目标更加清晰，对标对表看自己的求职前准备是否够充分，是否具备了职业能力、职业心态和相关的职业精神等。此外，还能够从内部了解企业。

在进行访谈前，我们需要做好如下准备工作：

(1) 访谈前，打电话或者发邮件与你要访谈的人联系，进行自我介绍并说明联系的意图。

(2) 把你获得对方联系方式的途径告知对方，让对方感觉到你的真诚和安全度。

(3) 获得对方对访谈的允许后，说明访谈中你感兴趣的工作类型、原因以及进行正式访谈时需要占用的对方的时间。

(4) 如果你要访谈的人不能与你面谈，可问问对方，是否能给你5分钟的电话访谈时间。如果他依旧很忙，可请求他介绍一位与他所做工作相似的人。

(5) 如果访谈预约成功，要感谢他能够接受访谈，并进一步确认访谈的日期、时间、地点。

(6) 如果预约没有成功，表示遗憾，仍然表示感谢。如果得到了其他被推荐人的信息，要对推荐人表示感谢。

进行职业生涯人物访谈时，具体流程如下：

(1) 确定要采访的生涯人物。在确定要采访的人物对象时，一定要根据自己的需要选择合适的采访对象。

(2) 了解生涯人物的基本信息。在确定要采访的生涯人物后，要提前了解生涯人物的基本信息，做好采访前的准备工作。

(3) 根据生涯人物的基本信息制定访谈问题。在了解过基本信息后，根据生涯人物的基本信息制定与其相对应的访谈问题。

(4) 寻找合适的访谈地点。访谈地点的选择也是很重要的，合适的访谈地点会给受访者一种舒适的感觉，这样他(她)才更加乐意把你想知道的信息都告诉你。但有时候会遇到受访者很忙、无法实现面对面访谈的情况，此时，退而求其次的做法就是采取"线上"访谈的形式，如QQ聊天、微信聊天，或者把自己想了解的问题做成文档，以E-mail的形式发送给受访者，请受访者择时作答后反馈给你。

(5) 与生涯人物约定访谈时间。在确定好访谈地点后，就需要我们与受访者约定访谈时间。

(6) 访谈结束后对访谈结果进行系统分析。在访谈结束后，我们需要对访谈得到的结果进行具体分析，进而得到我们想要的内容。

正式访谈开始前，我们也需要梳理和准备自己想要了解的具体信息。一般而言，职业生涯人物访谈的基本问题如下：

- 你是怎样决定自己的职业选择的？
- 你是如何找到这份工作的？
- 工作中，你的主要职责是什么？
- 你如何看待该领域将来的变化趋势？

- 能否结合你的职业,描述一下这个职业典型的一个工作日是什么样子的?
- 这个行业的起薪和平均水平是多少?有哪些福利?
- 你在这个领域遇到过什么问题?
- 什么样的经历(兼职、实践、实习等)能让我离这份职业更近?
- 这个领域需要什么样的教育或培训背景吗?
- 这个工作,哪部分让你最满意,哪部分最有挑战性?
- 对于一个即将进入该领域的人能否给出一些建议?
- 方便推荐我其他的行业人士谈谈吗?

第四节　用人单位调研

一、对用人单位的认识和理解

用人单位是指具有用人权利能力和用人行为能力,运用劳动力组织生产劳动,且向劳动者支付工资等劳动报酬的单位。用人单位在使用劳动力的过程中,适用《中华人民共和国劳动法》《中华人民共和国劳动合同法》《中华人民共和国就业促进法》等相关法律法规。我们常说的用人单位包括国家机关、企业、个体经济组织、民办非企业单位、事业组织、社会团体。

其中,个体经济组织是指经工商登记注册并招用雇工的个体工商户;企业是指我国境内的所有企业,包括国有企业、民营企业、外资企业等;国家机关、事业单位和社会团体是指通过劳动合同或通过劳动合同与其他工作人员建立劳动关系的单位。

(一) 国家机关

国家机关包括权力机关、行政机关、司法机关和军事机关,其录用公务员和聘任制公务员,适用《中华人民共和国公务员法》;国家机关招用工勤人员,需要签订劳动合同,就要适用《中华人民共和国劳动合同法》。

(二) 国有企业

国有企业,是指国务院和地方人民政府分别代表国家履行出资人职责的国有独资企业、国有独资公司以及国有资本控股公司,包括中央和地方国有资产监督管理机构和其他部门所监管的企业本级及其逐级投资形成的企业。国家对国有企业的资本拥有所有权或者控制权,政府的意志和利益决定了国有企业的行为。国有企业是国民经济发展的中坚力量,是中国特色社会主义的支柱。

国有企业作为一种生产经营组织形式,同时具有商业性和公益性的特点,其商业性体现为追求国有资产的保值和增值,其公益性体现为国有企业的设立通常是为了实现国家调节经济的目的,起着调和国民经济各个方面发展的作用。按照国有资产管理权限划分,国有企业分为中央企业(由中央政府监督管理的国有企业)和地方企业(由地方政府监督管理的国有企业)。

(三)外资企业

外资企业是一个独立的经济实体,独立经营,独立核算,独立承担法律责任。在组织形式上,外资企业可以是法人,也可以是非法人实体,具备法人条件的外资企业,依法取得法人资格,其组织形式一般为有限责任公司,外国投资者对企业的责任以其认缴的出资额为限。

依照外商在企业注册资本和资产中所占股份和份额的比例不同,以及其他法律特征的不同,可将外资企业分为以下三种类型:

(1)中外合资经营企业。其主要法律特征是:外商在企业注册资本中的比例有法定要求,企业采取有限责任公司的组织形式。故此种合营称为股权式合营。

(2)中外合作经营企业。其主要法律特征是:外商在企业注册资本中的份额无强制性要求,企业采取灵活的组织管理、利润分配、风险负担方式。故此种合营称为契约式合营。

(3)外资企业。其主要法律特征是:企业全部资本均为外商拥有。

(四)民营企业

从广义上看,民营企业是与国有企业相对的,因此,归纳民营企业的概念为:所有的非公有制企业均被统称为民营企业。从狭义上看,民营企业仅指私营企业和以私营企业为主体的联营企业。

民营企业是我国经济体制改革的重要产物,也是改革开放的主要参与者和最大受益者。改革开放40多年来,民营企业蓬勃发展,民营经济从小到大、由弱变强，在稳定增长、促进创新、增加就业、改善民生等方面发挥了重要作用。如今，民营企业已经成为我国经济社会发展的重要力量，更是深化供给侧结构性改革、增强市场经济活力、推动高质量发展不可或缺的组织部分。

《中华人民共和国公司法》是按照企业的资本组织形式来划分企业类型的，主要有：国有独资、国有控股、有限责任公司、股份有限公司（又分上市公司和非上市公司）、合伙企业和个人独资企业等。按照上面对民营企业内涵的界定，除国有独资、国有控股外，其他类型的企业中只要没有国有资本，均属民营企业。

（五）事业单位

事业单位是指由政府利用国有资产设立的，从事教育、科技、文化、卫生等活动的社会服务组织。事业单位接受政府领导，是表现形式为组织或机构的法人实体。

事业单位一般是国家设置的带有一定的公益性质的机构，但不属于政府机构，其工作人员与公务员是不同的。根据国家事业单位分类改革精神，事业单位分为参公事业单位和一般事业单位。事业单位不再分为全额拨款事业单位、差额拨款事业单位，而分为公益一类事业单位、公益二类事业单位，还新兴了利用国有资产举办的事业单位和社会资本举办事业单位，是国家不拨款的事业单位。

事业单位的明显特征为以中心、会、所、站、队、院、社、台、宫、馆等字词结尾，如会计核算中心、卫生监督所、司法所、银保监会、质监站、安全生产监察大队等。

（六）社会团体

社会社会团体，是指为一定目的由一定人员组成的社会组织，是以非营利为目的的社会组织，如宗教、科技、文化、艺术、慈善事业等社会群众团体。社会团体是当代中国政治生活的重要组成部分。中国社会团体都带有准官方性质。

成立社会团体除需要一定数目的人员组成以外，还要制定章程、到有关机关登记，有的还须依法申请许可等。团体是社会群众团体的一个分支。中国有全国性社会团体近2000个。其中使用行政编制或事业编制，由国家财政拨款的社会团体约200个。在这近200个团体中，全国总工会、共青团、全国妇联的政治地位特殊，社会影响广泛。

二、调研用人单位

作为进入职场的准新人，在进行了行业调研、职业调研后，不得不做的调研工作就是用人单位调研了。通过用人单位调研，能更进一步获取精准的求职信息、求职策略以及选择求职路径和做出求职安排。

国有机关、事业单位都是凡进必考，且在人员招录时自有一套体系，所以对于用人单位的调研，我们主要是指对企业的调研。

一般来说，对于用人单位的调研，主要集中在单位规模、经营范围（主要产品和服务）、发展历程、价值观、组织架构、薪酬福利、用人需求、培训机会、晋升通道等方面。

（一）单位规模

企业规模是指按有关标准和规定划分的企业规模。企业规模一般分为特大型、大型、中型、小型、微型。2003 年 5 月，国家统计局根据原国家经贸委、国家计委、财政部和国家统计局 4 部委联合发布的《中小企业标准暂行规定》，制定了《统计上大中小型企业划分办法（暂行）》。该办法以三个指标作为划分标志，即企业的“从业人员数”“销售额”“资产总额”。第一，“从业人员数”作为企业的划型指标，具有简单、明了的特点，也与世界主要国家的通行做法一致，具有国际可比性。第二，“销售额”可以客观反映企业的经营规模和市场竞争能力，也是我国现行统计指标中数据比较完整的指标，容易操作。第三，“资产总额”可以从资源占用和生产要素的层面反映企业规模。

对企业规模的了解，主要是要掌握企业目前处于行业中的地位、价值链条上的位置以及未来可能的发展空间。如果处于行业中的“老大”，也就是我们常说的“头部企业”“大厂”，那么去到这样的企业就能够学到行业最高标准，打下坚实的基础，为未来职业发展做好准备。但国内，GDP（国内生产总值）超过 70%是由中小企业贡献，也就意味着，中小企业的数量是远远多于大型企业的，那么应届毕业生的第一份工作有极大可能是到中小企业，与在大型企业学习行业标准不一样的是，中小企业一般都能够多岗锻炼，一岗多能是基本要求，能够随时调动和补位。因此，只要本人主观能动性强，学习意识和能力强，在中小企业更有机会“突围成长”。

（二）经营范围

经营范围是指国家允许企业生产和经营的商品类别、品种及服务项目，反映企业业务活动的内容和生产经营方向，是企业业务活动范围的法律界限，体现企业民事权利能力和民事行为能力的核心内容。简单来说，经营范围是指企业可以从事的生产经营与服务项目。

了解一家单位的经营范围，除了通过“企查查”“天眼查”这样的 App 进行了解外，还要通过该企业同类竞争选手的对标产品和服务进行了解。一般而言，在公司注册信息中标注的经营范围是公司的基本经营信息，而通过企业同类竞争企业的“竞品”了解，才能够深入了解公司在这一个阶段的“拳头产品”及核心竞争力。而为了测试应聘者对企业的了解程度，面试官通常会问到企业的产品和服务、主要竞争对手的相关产品和服务以及两者之间的异同，这类问题尤其容易出现在快消行业企业的面试中，通过这样的问题，基本就能测试出应聘者到底是出于真心热爱和兴趣，做好了准备求职，还是仅仅是随便“看看”，而企业都更加青睐有备而来的应聘者。

对于企业的经营范围和拳头产品、核心服务，都可以通过企业网站来进行深入了解。

（三）企业发展历程

企业发展历程又叫企业发展史，每个企业都有自己的发展历程，也就是企业管理团队与管理理念逐步摸索与完善的过程，因而都有自己的企业发展史。企业发展具有阶段性，专家学者们认为企业也有生命周期，结合当代企业的发展特点，一般将企业生命周期划分为创立、扩张、成熟、整合和蜕变阶段。企业发展史，即围绕企业的创立、扩张、成熟、整合和蜕变各阶段的发展状况，真实、准确、完整地记录下来的企业发展史册。

企业发展历程，是企业管理团队与管理理念逐步摸索与完善的过程，包括企业创立、企业扩张、企业成熟、企业整合和企业蜕变等阶段的历史。具体说来，企业发展史应该包括以下内容：企业建制、企业发展过程、经营管理、团队组建、新产品开发、资产管理、经营机制转换、企业改制、企业管理理念、企业文化、企业大事记。

作为求职应聘者，对企业发展历程了解越深入，越能将自己的感情融入和投射到企业中去，越能成为企业要寻找的"……人"，如华为人、宝洁人、中铁人等。

(四) 企业价值观

企业价值观是指企业及其员工的价值取向，是指企业在追求经营成功过程中所推崇的基本信念和奉行的目标。从哲学上说，价值观是关于对象对主体有用性的一种观念。而企业价值观是企业全体或多数员工一致赞同的关于企业意义的终极判断。企业的价值观就是企业决策者对企业性质、目标、经营方式的取向所做出的选择，是为员工所接受的共同观念。

市场会变化，产品会过时，新技术会不断涌现，管理理论也会瞬息万变，但是不管社会如何变化，在优秀的企业中，企业价值观不会变，它代表着企业存在的理由。

美国加利福尼亚大学伯克利分校菲利普·塞尔兹尼克(Philip Selznick)教授说："一个组织的建立，是靠决策者对价值观念的执着，也就是决策者在决定企业的性质、特殊目标、经营方式和角色时所做的选择。通常，这些价值观并没有形成文字，也可能不是有意形成的。无论如何，组织中的领导者，必须善于推动、保护这些价值，若是只注意守成，那是会失败的。总之，组织的生存，其实就是价值观的维系，以及大家对价值观的认同。"

因此，企业在招聘时，除了需要找到在知识、能力和态度上能够胜任岗位的人才时，更需要找到认同企业价值观的"同路人"。只有个人价值观与企业价值观高度契合的人，才能够真正地为企业创造更大的价值，更能够以主人翁的姿态融入企业的发展中去。

(五) 企业组织架构

企业组织结构是进行企业流程运转、部门设置及职能规划等最基本的结构依据，常见组织结构形式包括中央集权、分权、直线以及矩阵式等。企业的组织架构就是一种决策权的划分体系以及各部门的分工协作体系。组织架构需要根据企业总目标，把企业管理要素配置在一定的方位上，确定其活动条件，规定其活动范围，形成相对稳定的科学的管理体系。没有组织架构的企业将是一盘散沙，组织架构不合理会严重阻碍企业的正常运作，甚至导致企业经营的彻底失败。相反，适宜、高效的组织架构能够最大限度地释放企业的能量，使组织更好发挥协同效应，达到"1+1>2"的合理运营状态。

针对一家企业的组织架构,需要了解以下四个部分的内容。

(1) 职能结构:企业由哪些职能部门组成?这些职能部门相互之间的关系是什么?你打算求职应聘的是这些部门中的哪个?

(2) 层次结构:企业由多少管理层级构成?各个层级的分别是什么?你即将进入企业哪个层级?上面有多少层级?下面有多少层级?晋升空间有多大?需要了解的基层信息有多少?

(3) 部门结构:在各个职能部门中,组织在横向上设置了多少个部门?每个部门的业务核心是什么?你即将进入的部门业务核心是什么?你处于业务核心吗?如果是,如何继续精进?如果不是,如何跻身业务核心?

(4) 职权结构:企业中各个层次和部门在权利和责任上的分配是怎样的?有多少权利和责任分配到你所在的部门?又有多少责任和权利可能分配到你身上?

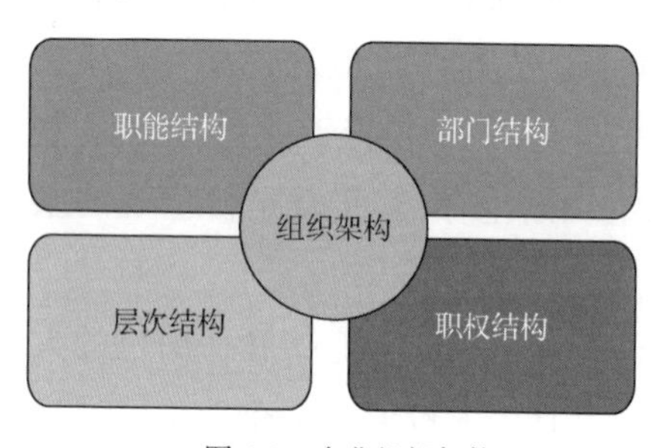

图 5-2　企业组织架构

通过分析一家企业的组织架构(图 5-2),你就会知道调研企业的核心和导向,知道它的运营中心在哪里。换句话说,你能借此知道这家企业的灵魂在哪里、气质在哪里。因为组织架构反映了一家企业的"精气神"。这个部分的调研需要深入企业内部进行,一般通过专业实践或者企业实习来完成。

(六) 薪酬福利

简单来说,薪酬就是员工通过交换劳动力价值得到的货币报酬,员工福利是一种以非现金形式支付给员工的报酬。员工福利从构成上来说可分成两类:法定福利和公司福利。法定福利是国家或地方政府为保障员工利益而强制各类组织执行的报酬部分,如社会保险;而公司福利是建立在企业自愿基础之上的。员工福利内容包括补充养老、医疗、住房、寿险、意外险、财产险、带薪休假、免费午餐、班车、员工文娱活动、休闲旅游等。

了解薪酬福利,主要是了解企业愿意为员工支付的劳动成果,薪酬福利的具体水平也侧面反映了企业对人才重视的程度。更直接地说,薪酬福利也决定了员工对自己付出的价值换来的货币是否值得的心理感受。

一般而言，了解企业的薪酬待遇，除了要了解绝对值，如3500元、5000元、7000元等，还要了解相对值，即企业在同行业企业薪酬水平的薪酬分位。薪酬分位最基本的含义是公司的薪酬定位，70%的分位意味着高于市场70%的企业，从而反映出公司薪酬的竞争性。薪酬分位值主要反映市场的薪酬水平状态：

10分位值，表示有10%的数据小于此数值，反映市场的低端水平；25分位值，表示有25%的数据小于此数值，反映市场的较低端水平；50分位值（中位值），表示有50%的数据小于此数值，反映市场的中等水平；75分位值，表示有75%的数据小于此数值，反映市场的较高端水平；90分位值，表示有90%的数据小于此数值，反映市场的高端水平。

（七）用人需求

在市场经济条件下，企业之间的竞争往往是企业战略、决策水平和人才素质的竞争，人才是确保企业高速、稳定、长期发展的最重要的因素，选好人、用好人，最大限度地发挥人的主观能动性、积极性和创造性，是企业能否在市场经济的汪洋中乘风破浪、胜利前进的关键。因此，企业在对人才进行挑选时，都有自己的一套用人需求，针对不同岗位、不同职级，在知识体系、专业技能、能力水平和职业道德、职业操守方面都有自己识人辨人的标准。

一般而言，对具体单位的用人需求可以通过公司网站或者各大招聘网站获取。

（八）培训机会

一般来说，重视人才的企业大都会为员工提供行业内的专业培训机会，更加注重人才梯队建设和培养的公司更是建有自己的企业大学。可以通过职业生涯人物访谈以及企业网站了解企业给予职员的培训机会。例如，某集团在网页上就专门开辟了“培训机会”这一专栏来解答相关疑惑（图5-3）。

某集团员工培训相关内容简介如下：“公司为员工提供怎样的培训机会？”这可能是新员工入职时最关心的话题。我们常常会帮助员工换一个角度来思考这个问题的答案，“针对我现在的工作能力和经验，我希望在哪些方面优先发展呢？”该集团十分重视员工的能力发展，并积极营造愉悦的学习环境。集团的培训课程不

仅仅是为了帮助员工胜任目前的工作岗位，还致力于引导员工为未来的发展机遇做好准备。根据集团业务要求及员工的岗位胜任力要求，我们的年度培训计划建立在年度员工能力素质考评分析的基础之上，根据不同级别和对象设定每年优先进行的培训项目。

图 5-3　某集团网页中的“培训机会”模块

（九）职业愿景

美国著名人本主义心理学家亚伯拉罕·马斯洛将人的需要分为五个层次：生理、安全、社交、尊重和自我实现的需要。随着社会经济的发展，人们不再将职业仅仅看作生活保障的基础，而更多地期望从自身的职业中，从工作中获得一种社交、自尊甚至是更高层次的自我实现的满足感，体会到工作中蕴含的价值。

众所周知，劳动分工是提高效率的手段之一，于是在企业内部就按照专业划分为许多职系，这些职系又被分为许多职位，这些职位形成层级系列，于是就有了晋升的条件。企业需要评价员工，看其是否能晋升到高一层级的职位上去。根据专业的不同，职位可分为技术系、管理系和服务系。

每位员工都会对自己的职位系列有一个定位，都有心目中的职业通道。但晋升的现实情况往往与员工的职业愿景不符。如果一名技术人员拥有娴熟的技术，企业通常不考虑员工是否希望在技术领域内继续深入研究而单方面将其调至其他系列职位上，这样很容易出现背离员工职业愿景的情况，员工就不能从企业提供的晋升职位中体会到工作的意义，会对工作感到不满。而员工对工作的满意程度在很大程度上决定了员工是否流动，于是员工的离职动机就会增强，因为员工的核心知识可以在市场上到处运用，他就不会坚守在背离自己愿望的职位上。

【实训活动】

一、结合本章讲述的内容以及自己的职业规划，请对拟打算进入的行业、职业、用人单位进行调研，并形成调研报告。

行业、职业、用人单位调查报告

一、导语(或引言)

介绍调查的基本背景，包括调查的时间、地点、方式、内容、过程等。

二、调查对象与方法

(一)调查对象

(二)调查方法

三、调查结果与分析

(一)调查结果

(二)分析结果

四、建议(或对策)

(一)建议

(二)对策(或实施路径)

五、附件

(一)参考资料(信息来源：网址、文献、年鉴等二手资料的来源)

(二)调查问卷或其他资料

二、结合《职业生涯规划教育及职业指导》课程上做的职业生涯规划书中“职业世界探索”这部分的内容，再重新审视和判断对职业世界的理解，并在小组成员中进行分享，充分交流沟通自己对行业、职业和单位的调研结果和认知差异。

三、请结合你的职业选择，联系一名职业生涯人物，并对他或她进行访谈，形成访谈报告。

- 你是怎样决定自己的职业选择的?
- 你是如何找到这份工作的?
- 工作中,你的主要职责是什么?
- 你是如何看待该领域将来的变化趋势?
- 能否结合你的职业,描述一下这个职业典型的一个工作日是什么样子的?
- 这个行业的起薪和平均水平是多少?有哪些福利?
- 你在这个领域有遇到过什么问题?
- 什么样的经历(兼职/实践/实习等)能让我离这份职业更近?
- 这个领域需要什么样的教育或培训背景吗?
- 这个工作,哪部分让你最满意?哪部分最有挑战性?
- 对于一个即将进入该领域的人能否给出一些建议?
- 方便推荐我其他的行业人士谈谈吗?

【课后作业】

- 什么是市场调研?市场调研的意义及作用有哪些?
- 一般情况下,我们进行市场调研的方法有哪些?
- 在学习本章知识前,你有做过市场调研的经历吗?请阐述一下你的感受。
- 通过本章的学习,你最大的收获是什么?

第六章　简历撰写

【本章学习目标】

- 明确简历制作的作用和种类
- 了解制作简历的七要素
- 熟悉撰写简历的注意事项

【案例导入】

制作你的“专属”简历

【背景】

杨同学是建筑学专业毕业生中当之无愧的佼佼者，他担任班长5年，成绩排名专业前五，在校期间多次获得国家励志奖学金、学业奖学金；多次被评为三好学生、优秀学生干部；多次获得制图类国家、市级比赛奖项；多次参加社会实践，创建墙绘工作室。

当他投出9份简历都石沉大海后，他意识到自己的简历出现了问题，便主动联系了学校就业指导课教研室的李老师，寻求帮助。

【事件】

杨同学向李老师递交了一份足有8页的个人简历，加上附件，内容非常丰富，学业、获奖、实践、创业等各个方面都做了非常翔实且篇幅较为平均的介绍。

李老师问：“杨同学，在网投简历时，有没有在邮件里明确姓名、联系方式、毕业院校、所学专业、求职岗位等简单的个人求职信息?”杨同学立即意识到自己发的邮件没有留下任何信息，发件名还是QQ昵称，其中多数简历可能已被当成了垃圾邮件，所以至今没有收到任何回音。

“人力资源一般每天会看好几百份简历，‘刷’完一份简历平均为45秒。”李老师介绍道。杨同学马上意识到粗略读完自己的简历至少也要5分钟，冗长的篇幅无法在第一时间吸引人力资源的眼球。

“意向的单位分布在5个不同的行业，目前有没有准备针对性的不同版本简历呢？”李老师问道。杨同学思考片刻，认识到一份简历无法包打天下，大而全不如专而准。

“建议证件照片使用更为正式的，简历字体大小行间距保持统一，重点词汇加粗处理。”李老师给出修改建议。杨同学仔细翻阅自己的简历，发现许多细节问题，毕竟细节决定成败。

和李老师沟通交流后，杨同学积极收集、认真学习了制作简历的相关知识，经过深思熟虑和反复修改，杨同学按照意向求职的五个方向，把简历分成建筑设计、城市规划、艺术设计、互联网、房产销售五个基础版本，并根据不同单位的要求，在相应版本基础上进行修改，拓展出10个修改版本，以应对不同行业、不同单位的招聘需求。同时，专程到专业照相馆拍摄了证件照，将每种简历精简至1页，明确求职意向，针对应聘岗位突出相应经历，注意简历措辞流畅、排版统一、重点突出。在线上线下求职时，都注意个人信息的展示。很快，杨同学就收到了10余家企业的面试通知。

【分析】

简历是求职的敲门砖，在最短时间内吸引住人力资源的眼球，并让其获得关于求职者最多、最“有力”的信息即为简历达到的最佳效果。除了姓名、年龄、性别、学校、专业、联系方式等个人基本情况外，更要将学习经历、实践经历、爱好特长、自我评价和求职意向用最快速、最简洁的方式介绍出来。根据求职行业、岗位的不同，有针对性地突出对应的个人优势、经验和职业定位，做到精心打磨、条理清晰、重点突出；排版美观、结构合理、字体统一，最后再附上成绩单、实践成果、证书复印件等，你的多版本“专属”简历便打造成功了。网投简历时，注意明确求职岗位和注明个人基本信息，切忌一份简历“海”投到底！

第一节　基本理论

一、专长研究理论

源源不断的优质人才资源是企业发展的根本动力,而人才招聘又是获取人才资源的基本通道,简历筛选作为人才招聘的第一步,对整个招聘过程相当重要。简历筛选方面的相关研究也越来越受到研究者的关注。而在心理学领域的专长研究,就是对简历进行筛选的相关理论,经过漫长时间的发展,已经形成了十分成熟的理论基础。

在心理学领域,对专长进行系统的理论研究和实践探讨,始于胡谊的博士论文。该论文采用出声思维等方法研究了国际象棋棋手下棋时的表现,并推测了其表现背后的原因,开创了以科学心理学方法分析专长实质的历史❶。

1983 年,希(Chi)、格拉泽(Glaser)和法尔(Farr)在匹兹堡组织了一次会议,专门探讨各学科对专长性质的研究。在此次会议上,许多不同领域的科学家就专长的最新研究进行了广泛的探讨,对了解专长的实质做出了巨大贡献。1988 年出版的此次会议的论文集《论专长的实质》极大地推动了专长的研究。近 20 多年来,对于专长的心理学研究日益朝纵深程度发展。在研究范围上,从国际象棋领域逐渐拓宽到记忆活动等各类任务上;在研究主题上,从分析具体领域的问题解决特征,发展到全面思考各类能力的一般特性与具体特征;在研究方法上,已经形成该领域特有的方法论;在研究情景上,从实验控制延伸到真实的社会环境。

二、认知简历

(一) 简历的概念及功能

简历,是具有针对性的书面自我介绍,即用规范化、逻辑化的书面语言,对个人

---

❶ 胡谊. 专长的实质限制与精致[D]. 上海:华东师范大学,2004:15-16.

求职意愿、教育背景、工作实习经历、特长爱好及其他有关情况所做的简明扼要的介绍。求职者通过简历向用人单位展示满足特定要求的资质和态度,对求职者来说,简历是"敲门砖"。成功的简历无疑是有效的营销手段,它能够迅速打动用人单位,确保求职者能够获得面试的机会。

(二)简历的分类

在不同时间、场合使用不同类型的简历,有助于应聘者顺利获得就业机会。简历主要有以下几种类型。

1. 时序型简历

这是最传统也是最直接的简历,即把事件(实践经历、获奖情况等)按照时间顺序排列。通常情况下,按照倒序列示,将最近发生的事情放在前面。在这种简历中,工作(实习)时间、地点和职位通常放在工作业绩的前面。这种简历清晰、简洁,便于招聘方阅读,常常受到用人单位的青睐。一份按时间顺序排列的简历应包括求职者基本信息、求职意向、经历和学历等部分。按时间顺序书写的简历一般适用于以下情况:求职者的工作经历能很好地反映其相关工作技能;求职者有一段出彩的工作经历;最近所担任的职务足以体现求职者的优势;求职者的工作没有中断。

2. 功能型简历

随着时代发展,求职潮流发生改变,一种不太常用但往往很有效的简历应运而生,这就是功能型简历。过去,一个人一生几十年可能只从事一份职业,服务于一家单位。但自20世纪80年代初期以来,随着我国改革开放的逐渐深入,这种情况发生转变。在市场经济大潮中,"跳槽"现象时有发生且被视为职业多样化的体现。很多"跳槽"者因此积累了不同行业、不同职业的工作经验而受到用人单位青睐。

处在这样的就业潮流中,求职者需要有新的简历类型。功能型简历强调求职者的资历与能力,对求职者的专长和优势加以一定的分析和说明。这种类型的简历给予了求职者很大的自由,求职者可以按照工作业绩的大小,而不是时间的先后向用人单位展现工作成就。工作技能与专长是功能型简历的核心内容。一份功能型简历一般包括就业意向、成绩、能力、工作经历以及学历等几部分。这种简历更强调技能而不是工作经历。它一般适用于:求职者的部分工作经历及技能与求职意向无关;求职者供职于多家单位但工作内容类似;求职者的工作经历有中断等情形。

3. 复合型简历

复合型简历将时序型简历和功能型简历结合起来。求职者可以按时间顺序列举个人信息，同时突出自己的工作成绩与优势，如求职者的工作经历很适合用时序型简历，但又想突出工作技能，就可以以时序型简历为框架，但需在每个工作经历下面加上专业技能。一份复合型简历一般包括求职意向、个人概况、工作成绩、工作经历和学历等部分。复合型简历能直接体现求职者的求职意向。它一般适用于这样的求职者：打算换一个行业；停滞不前，需要突破；寻求升职机会；等等。

4. 业绩型简历

业绩型简历以突出成绩为主，一般将“工作成绩”作为简历的核心。业绩型简历一般包括意向、成绩、资历、技能、工作经历以及学历等。业绩型简历看上去很像功能型简历，但重点并不在技能的强调。也就是说，求职者不需要强调其所掌握的技能，只需在“主要业绩”栏下列出几点有说服力的业绩即可。它一般适用于销售人员、高级管理人员等。

5. 目的型简历

除了上述几种主要类型外，简历也可以根据求职意向来安排。目的型简历通常只针对某一特殊的职位。当我们有明确的求职意向——某个行业、某个公司或某个职位时，那么这种类型的简历很适合。目的型简历可以突出技能、任职资格以及与应聘职位要求相匹配的工作经历，它一般适用于特定职业的求职；对特定领域的求职者较为适用，如教师、电脑工程师、律师等。

第二节　简历七要素

简历是求职者向用人单位介绍个人信息的书面文件，包括七要素：求职意向、个人信息、教育背景、社会实践、职业技能、奖励情况和自我评价。

一、求职意向

对于用人单位而言，需要了解求职者明确的求职意向。明确的求职意向能够帮助人力资源部门把简历投递给相关的人。

求职意向应列示在简历靠上位置，令人遗憾的是一些求职意向淹没于华丽描述中，如“具有挑战性的职位”“有向上发展的余地”“有机会晋升”等。求职意向务必简单、明晰、具体，如教师、总经理助理、营销或推销等。特殊情况下，可强调特别领域，如偏重新媒体版面设计。

二、个人信息

简历的个人信息部分通常包括姓名、出生年月、性别、籍贯、政治面貌、联系电话、电子邮箱、联系地址等。

需要强调的是联系方式一定要用求职者最新的联系方式且书写正确，包括电话、地址和电子邮箱等。一般建议电子邮箱地址是常用的，且用户名专业、成熟、职业化，不要使用 Happy boy、Little girl 等看上去较幼稚的用户名。其他信息可根据应聘职位的要求酌情处理。例如，政治面貌，求职者是团员可以不写；如果是党员，可以在简历中列示。因为一般国企、事业单位更倾向于是党员的求职者，外企则不太看重。建议附上能够体现求职者本色的照片。照片要使用标准简历照，不要随意用大头照和生活照，不使用过度美化、让人期望过高的照片。

三、教育背景

教育背景包括毕业时间、院校专业、学历和教育描述。教育描述部分可介绍求职者的研究方向、主修课程、辅修课程、研究项目、成绩排名等，根据求职者的情况择优介绍。

教育经历可用倒叙方式填写，如博士到硕士再到学士，中学和小学一般不需要填写，除非求职者曾在国内外有名的教育机构就读。

在描述教育经历时，如果求职者专业符合应聘职位要求，可以不列课程，或者列三四门与职位相关的核心课程即可；如果求职者的绩点不是很高，而某些与应聘职位相关的学科分数较高，则可以着重强调这些学科的成绩；如果排名比较靠前，可以用数字来表示学习成绩，如“专业前 10%”；对于部分有在国外做交换生或项目研究经历的求职者来说，建议在教育背景栏下填写。

此外，简历中可设立“职业发展”专项，求职者可填写参加过的培训、研讨会、专题讨论会或课程名称。

四、社会实践

一般来说,应届毕业生缺乏工作经验。所以毕业生的社会实践经历是用人单位重点关注的部分。社会实践经历包括实习经历和校园实践,实习经历或校园实践要主次分明,将重要的写在前面,不要胡子眉毛一起抓。

实习经历包括实习时间、实习项目、实习描述。实习时间较长,可以重点强调;若实习时间虽短,但实习单位知名度或与应聘单位相关度较高,则可以强调实习单位。实习描述主要填写实习期间的职责范围、工作任务、取得的成绩等。实习描述通常采用 PAR 陈述法则,PAR 是 Project(项目)、Activity(行为)、Results(成果)的缩写。PAR 陈述法则可以突出应聘者的能力和技能。

附:PAR 陈述法

PAR 陈述法的核心是使用行为动词,以下列格式来描述体现能力和成就的经历。

P:写出实习工作或项目(Project)的名称、背景、任务和工作。

A:写出你在这段经历中的行为(Activity)。

R:写出你在这段经历获得的结果(Results):成果、收益。

以某同学在应届生求职网的实习经历为例:

项目(P):负责网站与目标高校、企业的合作计划的推广实施。

行为(A):采用电话访谈方式对 400 家高校就业网调研,与就业办老师进行沟通,联系合作事宜;对 700 多家企业校园招聘调研,撰写调研报告,完善网站服务项目。

成就(R):与 200 多所目标高校就业办老师保持沟通,与 625 家目标企业达成合作意向,撰写 5000 字的企业调研报告。

(资料来源:https://www.douban.com/group/topic/46922936/)

实习描述,求职者需要用具体的行为来呈现自己的技能,切勿采用类似这样的表述:参加、展现了杰出的组织能力或协助进行某项活动等。因为这种描述太过笼统模糊,没有说服力,不会引起用人单位重视。在进行实习描述时,可运用以下技巧:

一是要善于利用动词,指在尊重事实的前提下运用比较强势的动词突出成绩,如"负责、发起、独创、独立负责"等。这些动词比"参与组织"等更能体现个人的贡献和成就。

二是通过数字来量化结果。例如,节省多少开支、服务过的客户数、产能增长百分比或效率的提升值等。

三是用时间体现高效,如提前3个月完成当年销售任务;提出流程重组方案,将所需时间缩短25%。

四是用专业术语表达所做的工作。很多毕业生困惑于实习或者兼职所做的工作零星琐碎,层级较低,不会正确描述实习经历。实际上,同一件事情,用不同的表达方式会产生不同的效果。例如,有些同学没有公司实习的经历,只有类似于商城产品促销、传单发放或者打字的经历。在这种情况下,在遵从事实的前提下也可以使用专业化的语言来表达,可以将"传单发放"表达为"传播产品信息",将"打字"表达为"文字处理"等。

如果毕业生没有实习经历,可以写上在校期间的相关经历,如在学生会任某部部长,做过哪些事,出过哪些力,取得过哪些成绩。一定要写得详细,不要只说个大概。类似"任学院学生会生活部部长,组织过文明寝室评选大赛"就不太好,应把过程中做了哪些工作、发挥了哪些作用写具体。最后要切记一点,实习经历和校园实践部分不能随意编造。即使编造得天衣无缝,面试中,也许对方几句话就可能让你原形毕露。

五、职业技能

职业技能项主要指技能描述,可填写求职者的语言能力、专业技能等。对于应届毕业生而言,职业技能通常包含以下几个方面。

1. 语言技能

对于大多数同学来说,可以通过标准化考试成绩、证书来证明自己的语言听说读写能力,如英语专业八级、BEC、GRE,日语能力测试,法语专业四级等。如果成绩不错的话,建议写出成绩;但如果成绩不是绝对优秀,就没有必要写出成绩。如果相关的工作实习经历能够推导语言水平能力,建议写上。例如,"工作语言为英语""给南美洲客户做陪同翻译"等,说服力比较强。

2. 计算机技能

一般来说,对于非计算机专业的同学来说,计算机技能通常指软件应用水平,如对 Office 系列软件的掌握。根据应聘职位的要求,可以有选择性地列出相关软件操作技能,如应聘财务咨询职位的可以列 ERP、财务软件、统计软件等。

3. 专业技能

专业技能主要指与专业或应聘职位有关的技能、资格证书、认证等。例如,财务专业的学生能够熟练使用财务软件或获得 ACCA(国际注册会计师)、CFA、CIMA 资格证书等。如果有专业资格证书,除了注明专业资格证书名称以外,建议加上年份。

在描述这些个人技能时,切记不要写错一些关键词,尤其是引用的外文。一定要注意正确拼写,避免出现错误。

六、奖励情况

奖励情况包括获奖时间和名称。奖励名称可填写奖项的级别、颁奖机构、获奖成绩等。奖励一般指奖学金或者其他国际性、全国性及省级竞赛奖项。

描写奖励情况时,应注意体现奖励的级别及特殊性。现在用人单位收到的简历中,几乎每份简历上都会有这样或那样的奖励描述:奖学金、优秀学生、优秀干部等。对于这些,用人单位早已司空见惯了,仅仅列出奖励名称是没有意义的。最好能把获奖难度表达出来,让用人单位明白所获奖励的含金量,从而增加简历通过筛选的概率。对于一些特殊或者说比较罕见、能够反映毕业生某方面特殊才能的奖励,如 2017 年外研社杯演讲比赛华西赛区总决赛季军,则可以放在简历靠前位置,突出奖励的含金量。

七、自我评价

自我评价也叫作自我介绍,可填写求职者应聘某岗位的最大优势所在。很多毕业生会在自我评价部分罗列很多词语,如性格开朗、待人热情、工作细心、办事高效、吃苦耐劳、有较强的组织能力等。求职者使用这类词汇目的是让自己看上去更优秀,是不可多得的人才。但事实上,对于这样的字眼,用人单位人力资源专员很少看。一般来说,除非用人单位有明确要求,否则不建议在简历中填写自我评价。如果用人单位明确要求填写自我评价,求职者该怎么填写呢?建议结合应聘职位的特点,用几句话来总结各项素质。如要强调组织能力强,可以表述为独立组织了某项活动,在系里反响很好,受到了学校表扬等。那些与工作相关的特长一定要展开写,如强调个人写作水平好,可以表述为非常擅长写应用文、各种报告等,如此具体的表述比概括性地说写作水平好更有效。

此外,与职位无关的特长、爱好不建议写。毕业生喜欢足球或唱歌,用人单位并不会为求职者准备足球场或 KTV,这些特长、爱好在今后的工作中会有机会展示,而不是在简历中。写多了,会让简历没有重点。

第三节　制作简历注意事项

写一份完美的简历需要时间和专注,但花点时间写好简历是很值得的。

撰写简历有几条注意事项,具体如下。

一、真实性原则

不要说谎,不要试图编造工作经历或者业绩、毕业学校和学历等,更不要将别人的工作成绩占为己有或者夸大在某一领域的技能水平。谎言不会让你走得太远,在简历里说谎造成的损失要比想象中更为严重。谎言会影响求职者在面试时的信心,求职者因担心用人单位询问简历里没有说实话部分的问题而焦虑,自然不会给用人单位留下很好的印象,即使被录用,谎言也很难保证不被揭穿。

但是坚持真实性原则并非就要把求职者的缺点和不足和盘托出,适当的隐讳甚至回避还是十分必要的;毕竟绝大多数毕业生都需要在接下来的工作中不断完善自己。

二、针对性原则

制作简历时,针对性十分重要,简历不能千篇一律。如果对于不同的行业、不同的公司和不同的职位，提交的都是同样的简历，这样的简历自然难以打动用人单位。试想一下，如果一位导师收到一份和他研究领域没有任何关系的论文，他还会认真阅读并提供指导吗？例如，A 公司要求求职者具备相关行业经验和良好的销售业绩，而求职者在简历中正好清楚地陈述了相关经历且置于比较突出的位置，这就是针对性；同样，B 公司要求某职位需具备良好的英语口语能力，而求职者正好在简历中描述了自己做过涉外商务兼职翻译的经历，这也是针对性；C 公司明确要求应聘者具备教师资格证，而求职者正好在简历中说明自己在 2019 年取得中学高级教师资格证书，这自然也是针对性。

实习经历或获奖情况较多，是否需要在简历中全部罗列？当我们申请一个具体职位时，可以利用招聘信息决定哪些信息应该在简历中出现，使简历内容更符合用人单位的要求。例如，一个会计专业毕业生，在寻找一份会计工作时，大学期间曾经做过的家教、发传单、健身房前台等兼职工作，就不需要一一体现在简历中。

三、相关性原则

简历是求职者获得一份工作的推销工具，它关系到求职者的未来，而不是过去。如果求职者采用时序型简历，不要把简历写成一份"历史文件"。尽管时序型简历主体部分围绕着毕业生的实习经历展开，但实习成绩的描述也应该支持求职者的求职意向或期望。简历中的教育背景和工作经历固然是求职者从前的成就，但写过去的成就正是为了获得一份新的工作。因此写简历之前，毕业生必须要先决定自己接下来想从事哪方面的工作。

四、简洁性原则

"时间就是金钱。"简练的简历更能抓住用人单位的注意力。一般情况下，简历的长度以一张 A4 纸为限，求职者需把所有技能和经验以精练的语言浓缩提炼出来。高质量简历更能给人深刻的印象，即使信息量小一些；相反，简历越长，被认真阅读的可能性越小。对于那些有丰富职业经验或有很多了不起的工作成绩的人来说，某些时候可以准备 2 页纸的简历；但是也需要在简历开头部分有简洁清楚的资历概述。以方便阅读者在较短时间内掌握基本情况，产生进一步阅读的愿望。

为了更简洁、更有效地传递出求职者的信息，简历不要成段地写。很多忙碌的人力资源不可能去看一份由段落组成的简历，因为段落需要更多的时间去阅读。可以利用项目符号将文字断开，这样便于用人单位人力资源看清简历的内容。句首符号传递出“这是一个独立的句子，能够被快速阅读”的信号。

除此之外，少用修饰状语。例如，“为重新设计的方案策划和实施战略”要比“为这个重新设计的方案策划和实施一些战略”好得多。尽量不用完整句。例如，不写“我拥有优异的专业成绩”，而写“优异的专业成绩”；不写“每年我都要组织学生会换届大会”，而写“组织学生会年度换届大会”。

简历的撰写一定要遵循“阅读者优先”原则，让阅读者一目了然，简洁而有效。

【实训活动】

在招聘市场，招聘官在大约 8 秒内浏览你的简历，并决定是否愿意花更多的时间面试你。是否能通过 8 秒钟的测验取决于你的简历够不够吸引人，能否很快地被看完。这就是为什么人力资源专家建议你写一份只有一页纸的简历。

请根据本章内容选择合适的简历类型，制作一份属于自己的仅有一页纸的“高光”简历。

制作完自己的简历后，请与小组成员两两互换，以招聘官的身份，给彼此的简历“挑挑毛病”，并做好解释，督促彼此相互修改，把简历尽可能做完美。

【课后作业】

- 什么是简历？简历的类型有哪些？
- 一般情况下，简历的七要素是什么？
- 在学习本章知识前，你有撰写简历的经历吗？对比学过本章内容后，你明白简历制作的重要之处了吗？
- 撰写简历要注意的原则是什么？
- 通过本章的学习，你最大的收获是什么？

第七章　求职面试

【本章学习目标】

- 了解面试的实质及作用
- 学习如何应对面试
- 了解面试注意事项

【案例导入】

实习是一场特殊的"面试"

【背景】

张同学是机电与车辆专业的学生，想跨专业就业，留在自己的家乡（重庆）工作。由于该生在学院积极参与各类学生活动，对自己负责的工作认真细致、全情投入，获得了辅导员老师和学院党委副书记的一致好评，也因此在大四学年争取到了去重庆某研究院有限公司实习的机会。这家公司无论从人员构成还是从未来前景上看都非常不错，他希望能够在毕业后签到这家公司。

【事件】

1. 严格自律，踏实工作

该公司成立于2003年，专为城市建设投资方提供咨询、设计、管理等全面解决方案以及全专业、全过程、全产业链的优质服务。经过近20年的发展沉淀，在挖掘产品价值、提升产品品质、增强产品创新力和竞争力等方面积累了丰富经验。

张同学所实习的岗位是电气设计岗位，这个岗位工作强度较大，很多专职人员加班加点是工作常态，工作时间没有严格的定义，但因为张同学是一个实习生，所以单位对他并没有严格要求，不加班也没有人会说什么。但是张同学除了在校上课的时间，几乎每天都要到单位上班，在单位跟着带他的老师认真学习与设计工作相关的一切，主动与同事交流学习，以一个职场新人的姿态来融入同事和公司，并同正式员工一样加班加点，帮着老师和同事分担力所能及的工作。

有时候一些正式员工都会抱怨工作时间长、强度大，而张同学从来不叫苦、不喊累，总是踏踏实实地去做好每一项老师和同事交给自己的工作任务，熬夜加班的时候从来不抱怨。张同学 2019 年 7 月下旬开始实习，8 月初就开始跟着谭老师（电气专业负责人，张同学的指导老师）做新项目，谭老师将整个项目的车库照明设计交给他画，这次项目的车库有地下三层，面积很大，对于一个刚刚开始接触电气设计的实习生来说，任务难度非常大。刚开始跟着谭老师设计车库照明平面图时，画图的速度很慢，准确度也很低，有时候一整天都画不好一个防火分区的照明平面，而照明平面图在整个项目设计中是很简单的一个平面图，但对于一个新人来说，设计的时候还是有许多容易出错的地方。由于时间紧、任务重，如果平时不熬夜加班，任务很难按时完成，但他知道，这次任务的完成情况决定着自己在指导老师心中的印象。所以，无论工作日还是双休日，他都尽自己的最大努力，加班加点把自己应该完成的任务做到最好。经过一周多时间的努力，他的第一份图纸终于完整地交出去了，得到了谭老师和同事们的肯定，他自己也第一次有了自信和成就感，这也让他更加相信自己现在所熬的夜和加的班都是对自己能力的积累和提升，是自己以后成长的财富。

2. 明确目标，持之以恒

不过有些时候张同学也会感到难受，因为建筑设计是非常辛苦的一个行业，通宵达旦是工作常态，每分工资都是自己用时间和心思磨出来的，而且建筑设计这种职业的工作压力和责任都很大，所以在实习期间他不仅要承受身体上和经济上的压力，还要承受心理和精神上的压力。

建筑行业发展很快，竞争压力非常大，行业形势也瞬息万变，所以公司对签约引进的员工要求非常高，一些实习生每当遇到困难和瓶颈的时候，就觉得自己没有留下来的希望，纷纷另谋出路了，有的还劝张同学也早点离开，可是他始终没有动摇，一直坚持在该公司做事。

张同学认为，虽然单位与实习生签约的希望比较渺茫，但是带他的老师和同部门的同事把他当作集体的一分子来对待，单位组织的团建活动会邀请他参加，一些重要的会议也会让他参与，张同学觉得自己在这里实习不仅认识了一些前辈，而且学到了很多职场本领，况且现在找一份自己喜欢的工作相当困难，自己本身就非常喜欢建筑设计这个行业，所以只要有一线希望，他都会坚持下去。

自己家里没什么关系，想得到这份不错的工作，只能靠自己平时的努力和认真，所以每当遇到一些不顺心的事，他总劝自己多忍一忍，再努力一些，总会有被认可的时候。就这样，在这家单位实习一年多后，张同学凭自己的实力在毕业的时候获得了一份正式的合同。

【分析】

第一，在单位人际关系是非常重要的，刚到的实习生一定要跟自己所在部门的人多沟通，要和带自己的老师和同事成为朋友，让他们知道你的想法，把自己最好的一面展示给他们看。

第二，要做好自己的工作定位，明确自己是做技术还是市场或是其他，然后认真跟领导同事学习，钻研业务提升工作能力，也许一开始不熟悉工作的时候同事会帮你解决问题，但是每个人的工作都非常饱满，需要自己快速提高，具备独当一面的能力。

第三，不要嫌工作任务重，年轻的时候多干就是收获，要跟前辈虚心请教设计的技巧和应对方法，这样一定能学到很多书本上学不到的东西，另外，建筑设计是压力非常大的职业，有的来自领导，有的来自工作对象，这就需要有良好的自我调节能力，要学会释放情绪。

第四，坚持再坚持，只要有一线机会，都不要放弃希望，你的坚持会在某个时刻让你的人生开始绽放！

第一节　基本理论

一、行为决策理论

面试官在面试中进行评分的过程实质上是一个行为决策的过程，受到行为决策理论的影响。

行为决策理论(Behavioral Decision Theory)起源于1953年提出的阿莱斯悖论(Allais Paradox)和1961年提出的埃尔斯伯格悖论(Ellsberg Paradox),这两个悖论引起了研究者对理性决策理论中的不足和人们实际“决策过程”的探索。行为决策理论指出了评估过程和选择过程这两个决策的核心过程,给出了决策的基本要素,即决策主体、决策目标、决策方案、决策效用和决策概率等,并从决策者的心理机制和认知机制等不同方面进行了较为全面的分析,为我们分析各类决策偏差提供了理论支持。

行为决策理论的出发点是决策者的决策行为,主要对决策者的认知、主观心理过程以及决策者在进行判断和选择信息时受到环境的影响和处理的机制进行研究。简而言之,行为决策理论就是研究人们在实际情境下如何决策以及为何做出这种决策的理论。行为决策理论有着十分丰富的内容。

第一,人的理性是介于非理性和完全理性两者之间的。也就是说,人是有限理性的,因为现实的决策环境是极度复杂和高度不确定的,并且人的知识、经验、想象力和计算力都是有限的,所以在发现和辨别问题中容易受到知觉偏差的影响。西蒙认为,人类无论是在获取信息还是在处理信息时,能力都是有限的,并且人的短时记忆力容量实际上非常有限。在面试中,面试官面对的评分决策环境是有很大的不确定性与复杂性的,加上面试官的知识储备并不全面并且存在一定的偏差,处在这样的环境中,想象力、记忆力和计算力等各方面都是有限的。而且,还会受到决策者的时间以及可使用资源的限制,所以面试官对于面试者的信息特征和线索,也只能说尽量了解,不可能做到完全了解。可见,决策者的理性是介于非理性和完全理性两者之间的。

第二,决策主体在辨别和发现问题的过程中很容易受到知觉上的偏差影响。知觉上的偏差,指的是由于决策者有限的认知能力,往往只把有关问题的部分信息作为认知对象,从而做出有偏差的判断。对于外部世界的相关信息,人们通常是依靠感官得到的,在经过大脑的综合以及解释的加工后,会对事物产生整体的认识,从而产生知觉。美国心理学家特沃斯基(Tversky)和卡尼曼(Kahneman)从决策主体的心理机制方面,对信息感知、心理认知和行为选择进行了解释。他们认为,在大多数情况下,人们并非依靠概率上的最优做决策,而是依照知觉、记忆、经验等因素做出判断。面试中,面试官在评分时,由于不同面试官的预期、兴趣、动机、知识储备、经验、决策偏好和认知能力等多个主观因素存在差异或者限制,很容易只把部分信息当作认知对象,对评价对象产生错误的认知,从而造成评分上的偏差。

第三,决策者选择的理性是相对的。因为决策者在进行决策时,会受到很多因素的影响,即使能充分地了解与决策有关的信息,也无法做到全部了解,只能尽量多地去了解与决策相关的各种信息,所以这样的理性是相对的。在面试中,面试官在受到自身知识经验、个人偏好、认知风格、面试时间、对应聘者信息掌握不全面等因素的影响时,做出的选择并非绝对理性的,而是相对理性的。

第四,在决策中,寻找最佳的方案需要耗费很多精力,决策者往往得到满意的结果就行了。原因有很多,一是决策者本身的能力有限,无法寻求最佳方案。二是决策者的积极性不高,不愿意探求新的方案,获得满意的结果即可。三是评价全部的方案后从中选取最佳方案,要耗费掉大量的时间和金钱,也许会得不偿失。因此,在具体的面试中,面试官可能会考虑到这样的风险,从而倾向于选择风险较小的方案。

二、信息加工理论

信息加工理论(Information Processing Theory)的核心是记忆和思维的过程,美国教育心理学家加涅(Gagne)是这一理论的代表人物。信息加工是指对信息的接收、存储、操作运算和传送或对存储在信息加工系统中的各种符号结构的操作和处理。按信息加工过程中各个阶段或每个阶段上进行的多个处理间的时序关系进行分类,信息加工可分为串行加工和并行加工两种基本方式。串行加工又称系列加工,指的是信息加工的各个阶段严格按照先后顺序进行,前一阶段加工完后的输出作为后一阶段加工开始的输入,或者在每个阶段对信息的多个处理是一个个进行的。并行加工指信息加工的各个阶段或每个阶段上对信息的多个处理可以同时进行。

第一,人的认知过程是一个对信息进行加工和处理的过程。有学者指出,认知是对信息进行加工,而信息加工指的不全部都是认知加工,认知加工属于信息加工下面的一个子类。从学科背景的角度出发,认知心理学主要研究的是信息从感知觉输入到转化、处理、存储、复原、提取以及使用这一整个过程,更多的是对人的内部心理机制的研究。在面试过程中,面试官进行的评分和决策过程也是一个对信息进行加工和处理的过程。面试考官在这个过程中,经过观察、记录和分析等,对应试者做出相应的判断和评价。

第二,不同的人对信息进行利用和加工的方式是不同的。由于思维方式、知识水平和经验等多方面的差异,有些人只能理解和使用简单的信息,而有些人则能够理解复杂的信息并进行恰当的使用;有些人偏好定性化的信息,而有些人则更偏好使用定量化的信息;有些人在做出决策时仅仅需要很少的信息,而有些人进行判断和决策时则需要利用大量的信息。对信息利用和加工方式不同,信息加工的结果就会存在差异。在面试的过程中,考官们经过各自不同的信息加工过程,对应试者进行相应的判断和打分。但各个面试考官的评分策略、性别和思维方式等条件不同,在面试时对各种信息的利用和加工方式就可能存在差别,进而就会影响面试官对面试者的评分。

第三,人的信息加工能力是有限的,做出的决策也是有限理性的。在很多因素(包括外部环境和每个人自身的条件等)的制约下,信息加工能力对于每个人来说都是有限度的,所以决策者最后在决策时只能做出有限理性的决策,不能实现完全的理性。造成这一现象的原因有多个:一是信息加工在容量上是有限的,因此很难将所有信息面面俱到地进行加工,容易发生遗漏;二是人在感知信息时是有选择性的,很难辨别清楚信息的重要性;三是人短时间记忆的容量有限,但是长时间的记忆又很容易在记忆内容上发生歪曲;四是人的信息加工有一定的次序,接收信息的先后次序可能对信息的最终使用产生影响。考官在面试过程中进行评分时也是如此,面试官在获得了各种信息并进行加工后,做出的评分决策也只能是有限理性的,而不可能做到完全理性。在整个面试过程中,面试官与面试者间会传递大量的信息,面试官不断地对接收到的信息进行加工,并将这些信息暂时储存在工作记忆中,但是工作记忆的容量有限,如果面试官接收以及关注的信息较多,工作记忆就会超过其所能负荷的容量,面试官的决策就容易产生偏差。此外,人的认知对情景具有一定的依赖性,面试考官在信息加工过程中,并非在独立地感知和记住某些信息或者事件,而是联系事件发生时的情景以及他们过去的相关经验和经历来对信息进行相应的理解和解释,进而形成自己的认知。对同一个刺激,在各种不同的情境下同一个人的认知不可能会完全相同。所以,面试所处的环境、面试程序以及面试官经验等很多因素都会影响面试官的评分决策,即使通过面试程序的改善或面试官培训等措施也只能达成一个相对而言最优的决策,绝对理性和最优的决策几乎是不可能实现的。

三、人职匹配理论

人与组织匹配的观念源于人与环境匹配。人与环境匹配的研究在管理学文献中已经盛行了将近100年。对匹配的兴趣已经涌现了大量实验和研究领域,企图弄清匹配难以定义的标准。人与环境匹配源于相互作用理论,匹配研究的基本假设是行为结果个体与环境之间相互作用的函数,良好的匹配对个体产生积极的结果。人与环境匹配广泛地定义为当个体与工作环境的特征相匹配时出现的相容性。人与环境匹配与事业投入、工作满意度、组织承诺和事业成功存在正相关的关系,与流动意图和行为存在负相关的关系(图7-1)。

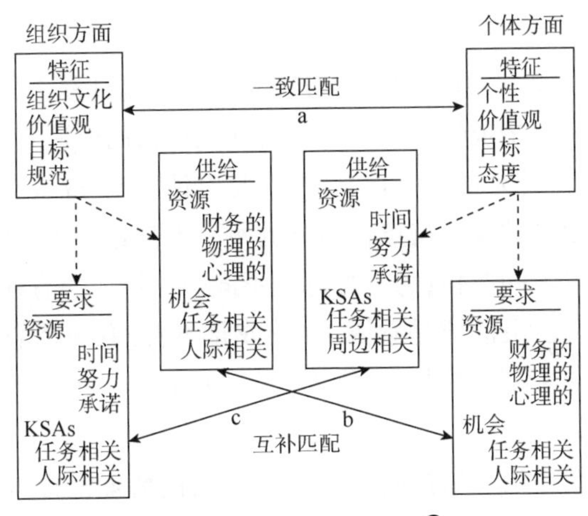

图7-1　人职匹配理论模型❶

人与组织匹配的理论已被多样地分类为一致匹配、互补匹配、需要—供给或需求—能力,人与组织匹配比较一致的定义是人与他们所工作的组织之间的相容性。人与组织之间的相容性反映了主观的人与客观的组织这两个实体特征之间的一致性、互补性以及融合性的程度。人与组织匹配如同人与环境匹配一样是一个复杂的、多维的概念。目前,在这些多维的概念中存在着多重的交叠关系,学者们也提出不同的争议,尤其是对互补匹配。需要—供给和需求—能力观点无疑是互补匹配的具体化,但是人与组织互补的资源和特征不仅体现在需要、知识、能力或技能

❶ Amy L. Kriistof. Person-organization fit: An interview review of its conceptualizations measurement and implications. Personnel Psychology, 1996, 49: 1-49.

上，还应该体现在其他特性上的补充。可见，互补匹配的外延比需要—供给和需求—能力观点要大，不能用需要—供给和需求—能力观点完全取代互补匹配。并且，在这方面还没有获得充分的实证支持。所以，人与组织匹配概念应该区分为两个重要维度一致匹配和互补匹配四个类别，即一致匹配、互补匹配、需要—供给和需求—能力。

第二节　认 知 面 试

一、面试的概念

面试是在特定情境下，通过面试双方交互式的交流过程，了解应试者素质的一项测评技术。所谓特定情境也正是面试本身测试性目的所决定的。而交互式交流是面试的本质所在，不论是面对面地交流，还是电话交流，或者是其他媒介，双向沟通和交互影响都是面试的本质特点。面试的每一方都是一个特定的文化、环境、教育、培训、经历等背景下的产物；每一方都是不同个性特征的有趣结合物，如乐观或是悲观，信任或是怀疑，灵活或是顽固，友善或是不善，有同情心或是爱挑剔；每一方都信守某一特定的信仰、观点、价值观；每一方都被一系列千变万化的期望、愿望、需要、利益所驱动。

面试是招聘方精心组织的招聘活动，利用问答、情境模拟测试、集体讨论等形式面对面地观察、考核应聘者，是一种综合考察形式。从某种程度上说，面试是招聘方与应聘者相互博弈的一个过程。对于招聘方来说，希望通过面试精确地甄别出所需要的人才；对于应聘者来说，面试不仅是深入了解应聘公司的一次机会，更是向招聘方充分展现自我、推销自我的契机。

二、面试的类型

（一）根据面试对象分类

1. 一对一面试或多对一面试

一对一面试或多对一面试指一个或几个面试官与单个应聘者面谈。常见形式

为自我介绍及问答。

2. 多对多面试

多对多面试也称小组面试、集体面试或群面，指多位应聘者在一个轮次里同时进行面试。常见形式为无领导小组讨论或情境模拟。

（二）根据面试标准化程度分类

1. 结构化面试

结构化面试指面试题目、面试实施程序、面试评价、考官构成等方面都有统一明确的规范，是一种结构严密、评分模式固定且层次性很强的面试形式。进行面试时，面试官会依照规定的流程及事先拟定好的面谈提纲对应聘者逐项提问，对各要素的评判也按设定好的分值结构来界定。常用于公务员考试、事业单位招聘、银行招聘面试等。

2. 半结构化面试

半结构化面试指只对面试的部分因素有统一要求的面试，如规定有统一的程序和评价标准，但面试题目可以根据面试对象而随意变化，如情境模拟等。

（三）根据面试风格分类

1. 压力性面试

压力性面试指面试官在进行压力测试时，故意制造一种高压力的紧张氛围，并设置种种语言和情境陷阱，使应聘者在应激状态下显露出自己的本性，从而评价其综合能力和素质。压力面试几乎会出现在任何场合。面试官经常在面试过程中冷不防地制造高压态势，提一些刁钻的问题。应聘者在面对挑战和严酷形势时能否表现如一，这就要看每个人的心理承受能力了。

2. 非压力性面试

非压力性面试指设置无压力的情境，在其中考察应聘者的相关素质及能力。

（四）根据面试途径分类

1. 电话面试

电话面试不需直接面对面而以电话交流为途径的面试。电话面试通常用于多轮面试中的首轮。电话面试的时间一般控制在 10~30 分钟，其主要目的是核实应聘者的相关背景、语言表达能力。一般通过常规问题询问，或者让应聘者做自我介绍，并根据简历对应聘者的教育及工作经历进行核实，从而判断应聘者是否符合招聘职位所要求的素质、能力，并根据电话面试的结果判断是否给予应聘者进一步面试的机会。

2. 视频面试

视频面试指通过视频聊天的方式面试应聘者。异地招聘的企业或海外企业常选用视频面试。

3. 现场面试

现场面试指面试官与应聘者面对面直接交流沟通，是最常用的面试形式。

（五）根据面试形式与内容分类

1. 问答型

面试官提问，应聘者回答，问题有可能为提前设置好的，也可能为现场临时提问。问答环节前通常为应聘者自我介绍。

2. 无领导小组讨论

一般由 5~8 个应聘者组成一个小组，共同应对一个需要解决的问题。小组成员以讨论的方式，经过各种观点和思想的碰撞、提炼，共同找出一个最合适的答案或结果。在讨论过程中，每个成员都处于平等地位，并不指定小组领导；面试官则在一旁对应聘者在讨论中的发言内容及左右局势的能力进行评估。小组面试的内容可能是真实的商业案例，也可能是一项集体游戏。

这种面试方法的优势是能节约面试时间，而且可以让应聘者在比较放松的环境中来处理问题。这类面试特别适用于考察应聘者分析问题、解决问题以及决策等具体的领导素质及语言表达能力等，现被越来越多的企业使用。

无领导小组讨论按照内容可分为案例分析类、问题解决类和技能考察类。

（1）案例分析类。

该类讨论指以小组为单位讨论实际商业问题。案例分析可以很好地测试应聘者的分析能力、推理能力、自信心、商业知识以及沟通能力等素质。

（2）问题解决类。

该类讨论指以小组为单位共同解决一个模拟的难题。例如，公司年底举行年会，而你们是公司行政部的员工，请开会讨论年会的各项安排。这类问题需要小组

成员之间密切配合。

(3) 技能考察类。

该类讨论主要考察应聘者的演讲能力、分析能力和逻辑推理能力。这类小组面试可能会要求应聘者饰演特定的情景剧,也可能会要求应聘者在有限的时间内就某个主题准备短时间演讲或辩论。

面试官不会对最后小组讨论出来的结果给予更多的关注,而是通过观察所有人在讨论过程中的行为表现给出相关评判。之所以叫"无领导小组讨论",就是通过不设置"领导",让大家在讨论的过程中浮现出"领导"的气质和行为,或者通过其他角色扮演,考察应聘者在团队合作过程中可以表现出的特质。因此,在讨论过程中,能够拿到角色的应聘者,就比较能够脱颖而出,如"领导者""时间掌控者""记录员""总结陈述者""支持者"等。

3. 评价中心面试

评价中心测评技术与传统的纸笔测验、面试不同,它主要通过小组讨论、公文筐、角色扮演等情境模拟方法,再加上一些传统的测试方法,对应聘者的知识、能力、个性、动机进行测评,从而可以在静动态环境中为招聘方提供多方面有价值的关于应聘者的评价资料和信息。评价中心的核心技术是情境模拟测试,即通过创造一种逼真的模拟管理情境或工作情境,将应聘者放入其中,要求其完成各种各样指定的工作。评价中心面试是大多数外企常用的人才测评方式。

评价中心面试不等同于小组面试。评价中心面试把众多应聘者召集到一起,进行统一的测评,但测评的方式很多,小组讨论或者小组活动并不是唯一的重点。在评价中心面试中必定有一个环节让每一个应聘者单独表现自己,这是与小组面试的不同之处。另外,评价中心面试通常持续时间较长,可能会持续一整天。

4. 行为面试

行为面试是通过一系列基于具体行为的问题来考察应聘者特定方面的素质及能力。用类似"这件事情发生在什么时候?""您当时是怎样思考的?""为此您采取了什么措施来解决这个问题?"等问题来考察应聘者在过去某种特定事件中的具体表现。随后,面试官会运用素质模型对应聘者在过往表现出的素质进行评价,并以此推测其在今后工作中的行为表现。行为面试是外企招聘时常用的面试方式。

第三节　面试准备

招聘方在面试中主要考核应聘者的仪表风度、专业知识、实习实践经验、口头表达能力、沟通能力、综合分析能力、反应及应变能力、人际交往能力、自我控制能力与情绪稳定性、工作态度、进取心、求职动机等内容。因此,应聘者应从以上角度来准备面试。

一、面试前的准备

求职成功与否,临场的面试表现很重要。作为应聘者,在投递简历或参加招聘笔试后,应随时做好参加面试的准备。在参加面试之后,应做好该次面试的经验教训总结。只有不断进行面试准备、面试实践和面试总结,才能逐步提高应对面试的能力,为最终的面试成功打下坚实的基础。

(一)了解面试单位详情

1. 了解面试单位的作用

对面试单位进行全面细致的了解,有助于应聘者在面试时缓解紧张程度,做到心中有数,有的放矢。

2. 了解面试单位的相关信息

了解面试单位的历史、发展状况、部门架构、产品品牌、主要业务、企业文化、新闻动态、经典案例、历年招聘情况及行业状况等。

3. 通过哪些渠道了解面试单位

(1)面试单位官方网站、微信公众号、微博等。

(2)其他网络信息,如论坛、知乎等。

(3)宣讲会。

(4)熟人介绍,如亲戚、朋友等。

(二)了解应聘职位的详情

1. 了解应聘职位的作用

不同的职位有不同的侧重要求,应聘者在面试前仔细研读招聘信息,才能把握

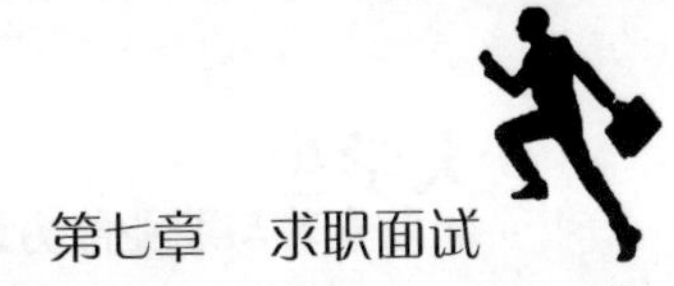

重点。如此在面试时才能着重展现与职位要求相符的特长和优势,有的放矢;在充分了解工作职责后,才能确定该职位是否适合自己。

2. 了解职位的相关信息

(1) 了解职位对应聘者的基本要求,包括学历、专业、工作经验、语言、特殊技能、个性品质等。

(2) 了解职位对应的工作职责。这是回答面试官的核心依据。结合招聘要求和岗位职责,说明自己符合这些要求,且能胜任这份工作。

(三) 了解面试流程及类型

在了解了面试流程及类型后,面试时便能做到心中有数,缓解紧张程度,并能有针对性地为面试做准备。可通过网络搜索相关面试经验,或者直接询问通知你参加面试的工作人员,如该信息为公开信息,则对方很可能会告知。

(四) 面试着装

应聘者的外表是留给面试官的第一印象,因此选择合适的面试着装十分重要。无论是应聘什么单位什么职位,除单位特殊要求外,都应选择职业正装。

1. 着装原则

着装应美观、整洁、大方、得体且应符合年龄及身份特征。

2. 颜色原则

颜色以素色为宜,忌花哨、繁杂。

3. 女性着装

女性应聘者应穿得整洁、清爽、干练。过于华丽、叮当作响的珠宝饰物、过浓的香水、破洞的丝袜、未修剪的指甲或是蓬松的头发等,都足以抵消应聘者给予面试官的良好印象。着装不宜太过新潮,应选择职业装,可着裤装或裙装;若穿着裙装,裙子的长度不能过短,到膝盖或膝盖下方为宜;衣领的开口不宜太低,丝袜应选肉色。女性应聘者着黑色高跟浅口皮鞋,高跟鞋能凸显女性气质,但鞋跟不宜过高,以不影响走路为标准。女性应聘者应化淡妆,避免过浓的妆容及鲜艳的口红,不要做夸张的美甲。长发的女生不宜披发,应扎成马尾等简洁干练的发型。女性应聘者佩戴饰物以简洁美观为原则,应避免太多或夸张的饰物。

4. 男性着装

西装、衬衫应笔挺,西装以深灰、深蓝色为宜,须成套;衬衫为白色或浅蓝色长袖衬衫,衬衫衣袖应长于西装衣袖。领带不能使用夸张的颜色或花纹。男生着黑色正装皮鞋,以系带款式为佳;皮鞋须擦干净,袜子选深色,忌白色。西裤应选择长裤,不能穿着九分裤或短裤。注意头发、指甲的修剪。男性不应佩戴除结婚戒指、袖扣、手表以外的其他饰物。

(五)简历准备

虽已投递过简历,但应聘者在面试时仍需携带两至三份制作精美的纸质简历,且应与之前投递的简历相同,可增加新近发生的内容。同时,应带上与简历内容相关的证明材料,如学历学位证书、技能证书、荣誉证书等,应携带原件及复印件。

(六)复习岗位相关专业知识

对于技术类或专业性较强的岗位,除了常规面试准备外,还应针对可能涉及的专业知识进行必要的复习和准备。

(七)自我介绍准备

自我介绍是面试各项内容中唯一能按照事先准备的内容原样进行的,因此一定要充分准备自我介绍。自我介绍通常是面试中第一个环节。除内容本身外,应聘者自我介绍的流利程度、自我介绍过程中所流露出的自信对面试官的评价有重要影响。为了防止面试时因紧张而忘词,务必熟练背诵事先准备的自我介绍。

1. 自我介绍应包含的内容要点

应聘者应首先报出自己的姓名和身份。可能应聘者与面试官打招呼时,已经将此告知了对方,而且面试官可以从应聘者的报名表、简历等材料中了解这些情况,但应聘者仍应主动提及。这不仅是礼貌的需要,还可以加深面试官对应聘者的印象。若面试要求明确规定不能报姓名等个人信息的,则须按要求执行。

其次要介绍我是谁,即个人基本信息,包含姓名、性别、出生年月、政治面貌、籍贯、联系方式、毕业学校、教育背景等。这部分陈述务必简明扼要、抓住要点。

接下来要介绍我做过什么,即个人实习实践经历、校内社团工作经历、技能证书、荣誉奖项等。这部分不用照搬简历中的内容,挑重点突出的部分说明,并利用事件或事例来形象、明晰地说明自己的经验与能力。

接着介绍我能做什么,着重结合个人的职业理想说明应聘该职位的原因,这一点相当重要。应聘者可以谈对应聘单位、职位的认识了解，表达对选择这个工作的强烈愿望。谈谈自己如果被录取，有什么样的职业规划，并会不断根据需要完善和发展自己。

2. 自我介绍注意事项

(1) 自我介绍不宜过长，以 1~2 分钟为宜。如果太长，容易被面试官打断，导致重点、亮点没讲到，并因此影响后续发挥。前 30 秒是自我介绍的精华时间，应简明扼要地说完简历上的精华内容及自身的优点、亮点，剩下的时间必须争取用精彩内容打动面试官。一旦面试官抬头，有了目光交流，有他们感兴趣的事情，那么成功的概率将会增大许多。几个要点要把握住：一是要让面试官确认你对应聘职位的了解和喜爱；二是说明自身具备从事且能做好的特质；三是要举出简短但能印证前面所说几点的具体事例。

(2) 应聘者的自我介绍内容应与个人简历、报名材料上的有关内容相一致，不要有出入。

(3) 自我介绍虽然不用书面呈现，但逻辑结构要严谨有条理，让面试官能轻松地了解你想展示的内容，而不是在杂乱的内容里费力寻找。为了保证结构清晰、有条理，应聘者可以多用短句，以便于口语表述，并且在段与段之间使用过渡句。口语也要注意思路、叙述的流畅，尽量避免颠三倒四，同时不要过于随意。

(4) 切忌以背诵朗读的口吻介绍自己，避免书面语言似的严整与拘束，使用灵活的口头语言进行组织。最好事前对着镜子或录像进行练习，尽量令声音听起来流畅自然，充满自信。

(5) 适当的眼神接触不但能令对方更集中注意力，也能展示自信。

(6) 应聘者应注意在自我介绍中留下伏笔，对面试官可能感兴趣的个人经历举重若轻地一笔带过，很有可能在自我介绍完后面试官就会追着这个话题来问。这样一来，面试的节奏就被你掌握了。

3. 英语自我介绍

若应聘者所学专业为外语或应聘外语类相关岗位，则务必准备外语自我介绍，确保单词、语法、表达、发音的准确。应聘其他类职位应聘者也需准备英文自我介绍，尤其是前往外企单位面试时；避免临场被要求而手足无措。

(八) 预演面试中可能会被问到的问题

准备面试中可能会被问到的问题，可以从三个方面着手：一是根据自己的简历内容来预测面试官的问题;二是准备一些常见的行为面试问题、与面试单位职位相关的开放性问题等;三是根据前人面试的经验,准备同类问题。

1. 根据简历预测问题

一般面试官会对感兴趣的简历内容提问。在面试前,对应简历中的内容,预测每部分可能遇到的问题,并准备好相应的中英文答案,这部分的常见问题如下所示:

个人信息

(1) 为什么入党？入党对你有什么影响？

(2) 你的家乡在北方,为什么想来南方工作？

(3) 你的家庭情况怎么样？父母是做什么的？

(4) 你有男/女朋友吗？

(5) 你有什么兴趣爱好吗？

(6) 你有什么优(缺)点？举例说明。

求职意向

(1) 谈谈你对公司所在行业的理解。

(2) 你为什么想来本公司工作？

(3) 你觉得你适合这个职位吗？

(4) 如果你获得了这份工作,你的5年工作计划是什么？

教育背景

(1) 你的专业与哪些工作对口？

(2) 你最(不)喜欢什么课程？为什么？

(3) 你打算读研吗？

(4) 你认为4年的专业学习,你学到了些什么？

实习实践经历

(1) 你实习的公司是做什么的？

(2) 你实习的职位是什么？你的日常工作是什么？

(3) 在你的实习过程中,你遇到的最大困难是什么？你是如何解决的？

(4) 你的实习指导老师是如何评价你的？

(5) 你认为在实习中最大的收获是什么？

校内社团经历

(1) 简要介绍下你参加的社团及你的工作职责。

(2) 你在社团中担任什么职务？

(3) 在此过程中，你印象最深的一件事是什么？

(4) 通过这些经历，你收获了什么？

荣誉奖励

(1) 你获得了××奖，总共有多少人获得？

(2) 你认为最重要的一项奖励是什么？为什么？

其他技能

(1) 你的英语为什么只过了四级？

(2) 你过了英语六级，口语怎么样？

(3) 你认为考的××证书对你的工作有什么帮助？

(4) 你能熟练地操作电脑、使用办公软件吗？

2. 常见的行为面试问题、与公司职位相关的开放性问题

除了针对简历提问以外，面试官为了考察应聘者的领导能力、团队合作能力、解决问题能力、分析能力、学习能力、创新能力以及沟通能力等，会在面试过程中向应聘者提一些其他行为面试问题及与职位相关的开放性问题。

(1) 常见的行为面试问题。

①你印象最深刻的一件事是什么？

②请描述一件你认为最失败的事件或经历。

③在过去的经历中，你最大的成功是什么？

④你在以往经历中有过与他人意见不合的时候吗？你是如何处理的？

⑤请举例说明你的××能力。

⑥你如何看待“善意的谎言”这句话？

⑦你最擅长处理什么类型的问题？请举例说明。

⑧你怎样缓解压力，怎样保持生活平衡？

⑨如果我让你的朋友描述你，你认为他们会怎么说？

(2) 常见的开放性问题。

①如果你的意见与老板或者上司不一致时，你怎么办？

②你能够在压力下工作吗？

③对于加班，你怎么看待？

④你怎么看待跳槽？

⑤近期有十几名新员工入职,需要进行一次为期一周的培训,你如何安排本次培训?

⑥你期望的月薪是多少?

⑦你有什么问题要问吗?

小贴士

面试官的两个常见问题

"你期望的月薪是多少?""你有什么问题要问吗?"这两个问题往往是应聘者认为最难回答的面试题,但又常常出现在面试中。因此一定要提前准备好答案。

对于"你期望的月薪是多少",作为应届毕业生,是没有资本谈薪水条件的。面试官问此也并不是希望听到一个确切的数字,他的目的是考查应聘者回答问题的思维方式。因此,面试者应从自身的工作能力、对工作的规划、自身学习的热情及能力以及对公司薪酬体系、制度的自信等方面作答。

对于"你有什么问题要问吗",首先,应聘者听到这个问题应该高兴。这说明面试官对你有兴趣,否则不会浪费时间来解答你的问题。应聘者应围绕公司未来的发展、员工在公司的学习培训机会、员工晋升通道等要点展开,通过回答展现你的积极进取。

(九)心理准备

应届生在面试,尤其是第一次面试时难免会有些紧张和怯场。因此面试前要学会调整心态,克服紧张情绪,充满信心,这样才能将最好的一面展示给面试官。

1. 保持良好的心态,克服自卑心理,充满信心

要以一颗平常心来对待面试,做好承受失败的心理准备。心态上平和积极才能减轻紧张感,发挥出自己的水平。

2. 克服紧张情绪

面试前做几次深呼吸,或是做几个平时的习惯动作,平复心情,保持淡定。

3. 语速适中

回答问题一旦紧张,说话可能结结巴巴或越说越快,以至于表意不清,加剧紧张。此时,最好的方法是有意放慢语速。语速慢下来了,自然就不那么紧张了。

(十) 携带物品

1. 与应聘单位或职位相关的物品

事先准备与应聘单位或职位相关的物品,并适当地予以展示,无疑会为面试加分。例如,面试优衣库的管理培训生一职,面试当天着优衣库品牌服装;在讲到对公司的认识和理解时,可以佐证自己对它的兴趣及了解。

2. 笔和笔记本

请带上笔,应对不时之需,如填写信息、签名等。在面试前,复习准备的内容,并将随时想到的要点记下来。同时,面试过程中,如果面试官有特别交代的事项,可以拿出笔记本来记录,从而展示你的细心与周全。

二、面试过程

(一) 面试开始前

面试当日应聘者应根据面试时间预留充裕的路途时间,提前规划行程路线,将堵车等突发因素考虑在内。

到达应聘单位后,应立即进入面试状态。注意自己的言行举止,友善地对待面试场外工作人员,这些都可能是考核你的方面。

仔细了解当日面试安排、流程及要求。如有不清楚的地方,及时向工作人员咨询,以免出现违反面试纪律而被取消资格的情况。

应聘者应在指定的地点候场,不要随意离开候场地,以免错过面试。

(二) 面试过程中

1. 初入面试场,建立关系

良好的开场可以营造和谐、轻松的气氛。这个阶段也是面试者最紧张、最容易出错的阶段,所以应尽可能地放松。

进入面试场前,无论房间门开关与否,都应轻敲房门 2~3 下。若房门是关着的,敲门后待门内有了回应再推门进去;而后,将门轻轻关上。若房门是开着的,敲门示意后便可进入,保持门的状态与之前一样,或询问是否需要关门。整个过程应保持微笑自信,动作淡定从容。

步入面试场时,应步态自然,步伐稳健,上身正直,双臂自然摆动。站定后向面试官问好,身体正直、双手并拢,微微前倾。如果面试官主动伸出手来,应聘者就应回以坚定而温和的握手。通常在面试应届毕业生时,面试官不会与其握手。如果面试官不主动握手,应聘者切勿主动和对方握手。

若面试现场需要递交简历,则应在入场后立即交于面试官,需双手递上。

入场后观察房内摆设,若设置为站立面试,则保持挺立的站姿,挺胸收腹,勿弯腰驼背,男生双脚微微张开;女生脚后跟并拢、脚尖微张呈 V 字形。双手自然下垂于身体两侧,切勿做出抱臂等动作。

若面试场内设有座位,务必在面试官示意后方可入座,入座时不要发出嘈杂的声响。入座后上身应保持挺直,一般以坐满椅子的 1/2 至 2/3 部分为宜,双手置于膝上。男生双腿自然平放,女生着裙装入座时应双手自然后捋压着裙子坐下,落座后双腿并拢。切忌跷二郎腿或抖脚。

2. 正式开始,核心阶段

(1) 一对一问答型面试。

根据面试官的提示,进入面试环节。通常来说,首先应聘者进行自我介绍。应聘者根据事先准备好的内容介绍即可,音量、语速适中,用"说"而非"背诵"的方式,注意语言要流利、吐字应清晰、发音要准确。介绍结束后应有明确的提示语,如"以上是我的个人介绍,感谢您的聆听"。若面试官中断了你的自我介绍,不必慌张,这并不意味着对你的表现不满意,有可能是想将时间用在其更感兴趣的部分。此时,应聘者应微笑应答,如"好的,谢谢您",等待面试官的下一步指示。

自我介绍环节过后,通常为提问环节。首先,应聘者应仔细听清面试官的问题,不要匆忙作答。一边在脑海里构思答案的框架要点,一边不疾不徐地开口回答。如果未听清或未完全理解面试官的提问,可礼貌性地确认或询问。如果遇到与事先准备的相同或相似的问题时,不要生搬硬套预演的答案;而应切题回答,随机应变,以免出现文不对题或答案牵强的情况。

(2) 小组面试。

小组面试,通常不需要应聘者做自我介绍,抽题及准备工作通常在备考阶段进行,进入面试场后根据提示开始即可。

无论小组面试的内容和形式是什么,重点都不是讨论的结果,而是讨论的过

程，即应聘者扮演的角色。因此，重点应放在过程中，把握角色的职能，注重发言的逻辑、倾听他人的意见、注意团队的协作、发挥创新思维等。务必注意时间的把控，避免冗长的发言，切忌打断他人。

3. 结尾阶段，力争完美收官

所有面试环节结束后，应聘者在离场前应礼貌地向面试官道谢与道别。整理好自己的随身物品，从容地离开面试场。不要慌张，以免留下毛躁的印象。

回到面试场外，还应对其他工作人员表达谢意。你的感谢除了表示对他们工作的尊重外，也显示出了你良好的个人素养，会给人留下良好的印象。

（三）面试结束后

每位应聘者都渴望面试能成功，但往往结果不尽如人意。因此，每次面试结束后，无论现场是否知晓结果，都应尽快总结本次面试的经验及教训。趁着记忆清晰时，用文字的方式记录下来，以便在以后的面试中改进。

第四节 面试注意事项

对应聘者来说，面试准备再充分也未必能得到工作机会。有时一点小失误也会导致面试失败。本节主要分析一些常见的面试误区及注意事项。

一、单位聘请你不是让你去学习

单位组织面试的目的是招聘员工，考核的要求虽有不同，但终极目的都是给单位创造价值。因此不要说“我希望在单位学到什么”，而应表明“我能给单位带来什么，创造什么价值”。

二、开放性问题的思考方式

面对面试官的开放性问题，不要只考虑应该怎么回答，而要思考对方为什么这样问，想得到什么样的答案，考查你什么特质。站在面试官的角度去思考问题。对于面试官而言，应聘者提供的正确结果远没有思考的过程重要。

三、非语言沟通的重要性

应聘者面试中不应忽视非语言沟通，包括表情、目光、动作等。应聘者从进入面试场起到离开面试场为止，面试全程都应保持真诚的微笑。目光的交流十分必要，但应避免长时间盯着一个人看，很不礼貌；同时，要避免眼神飘忽、偷瞄别人或目中无人。面试不是演讲，不宜有过多的手势，要注意举手投足。不要做下意识的小动作，如乱摸头发、玩弄钢笔等，显得没有信心。

四、警惕面试"陷阱"

有一种面试看似随意，面试官看上去是很随意地和应聘者拉家常，实则是在营造轻松的氛围，以便对应聘者进行考评。因此，一旦踏进面试单位，就要进入面试状态，以防掉入面试官的"陷阱"。

五、小组面试，精诚合作

小组面试时，面试官的关注点在于团队协作精神的展现。团队表现得好，成员都有加分，成员很有可能全部通过。小组面试混乱，大家争执不下，无法达成结论，则很有可能全军覆没。标新立异、有别于他人不是小组面试考察的重点，太过独立反而会被认为不是一个好的团队成员。在无领导小组讨论中，充当领导者不一定就占优势；应根据不同职位所需要的特质，且结合自身擅长的方向扮演适合的角色，才能发挥所长。

六、不懂不要装懂

任何人都不可能是百科全书，该说的就要说，不该说的不要说；不懂的地方要勇于承认，不要不懂装懂。例如，我对这个不是很了解，但我谈一下我个人的看法吧。

七、不要和面试官争论

无论何时都不要和面试官争论,因为面试是为了展现你的能力、谋取职位,不是来寻求真理的。

八、忘词需淡定

自我介绍通常是面试的第一个环节,如果因紧张而忘词,千万不要慌乱,要保持从容,从容地讲述还能记得的部分或临场发挥,因为自我介绍不是背诵课文,面试官也不知道你要讲的内容。

九、说错话不要紧,不要再做错

人在紧张时容易说错话,此时应聘者应保持镇静。为防止产生误会,应该更正道歉。例如,"对不起,刚才我紧张了点,好像讲错了,我的意思是……请原谅。"

十、毫无准备地接到面试电话

当你在课堂上或在嘈杂的地铁里等情况下接到面试电话,首先不能慌张,保持冷静,积极友好地回应对方:"××先生/女士,非常感谢您的来电。如果您不介意的话,能否 10 分钟之后再打给我。我这里现在比较吵,待我换个安静的地方。或者我 10 分钟后回拨给您,不知您是否方便?"一般情况下,面试官都会同意稍后再打电话。这样一来,你就可以平复一下心情,为面试做准备。

【实训活动】

一、阅读以下招聘信息,如果你是一位即将求职该岗位的应聘者,接到了面试官第一轮面试的电话,请写出你应该做的面试准备。

招聘职位:景观规划设计岗位

职位描述:

【工作职责】

1. 辅助设计师完成项目设计,并独立进行局部区域的设计;
2. 协助设计项目基本资料的收集工作;
3. 辅助设计部门日常事务工作。

【任职资格】

1. 本科或以上学历,风景园林、园艺、环境艺术设计、城市规划等相关专业;
2. 专业理论知识扎实,熟练操作景观规划设计相关设计软件;
3. 思维活跃、文案优秀、知识面较广、视野开阔、旅游阅历丰富,并具有创新精神;
4. 具有良好的沟通、协调能力以及较强的责任感、团队意识和学习能力。

二、无领导小组讨论

将学生分成若干组,每组 8 人,针对以下主题进行 30 分钟讨论。每人读题时间 1 分钟,每人依次发言,1 分钟,讨论共 12 分钟,结束后由各组代表进行 2 分钟发言,陈述讨论结果,最后由面试官(老师)进行点评。

某海域发生事故,一游艇上有八名游客等待救援,但是救援直升机每次只能营救一个人。游艇损坏严重,开始注水,海水冰冷刺骨,被困游客情况如下:

(1) 将军,男,69 岁,身经百战。

(2) 外科医生,女,41 岁,医术高明,医德高尚。

(3) 大学生,男,19 岁,家境贫寒,参加国际奥数竞赛获奖。

(4) 大学教授,男,50 岁,正主持一个科学研究项目。

(5) 运动员,女,23 岁,奥运金牌获得者。

(6) 经理人,男,35 岁,擅长管理,曾将一大型企业扭亏为盈。

(7) 小学校长,男,53 岁,劳动模范,五一劳动奖章获得者。

(8) 中学教师,女,47 岁,桃李满天下,教学经验丰富。

请将以上八名游客按照营救顺序排序。

三、你曾经有过面试的经历吗?如果有,请结合本章内容,总结一下你的成功之处和不足之处,以及接下来如果还要参加面试,应该在哪些地方进行改进。

四、请准备一段自我介绍,与小组成员演练,并相互找到问题所在,调整、练习直到熟悉为止。

【课后作业】

- 什么是面试？面试的类型有哪些？
- 什么是结构化面试？进行结构化面试时，需要注意什么？
- 在学习本章知识前，你有面试的经历吗？学过本章内容后，你掌握面试的技巧了吗？
- 撰写简历要注意的原则是什么？
- 通过本章的学习，你最大的收获是什么？

第八章　模拟招聘

【本章学习目标】

- 明确不同类型的用人单位的招聘流程
- 能够根据用人单位的招聘流程梳理自己的应聘流程
- 能针对不同类型的用人单位模拟招聘

【案例导入】

只找“对”的人

【背景】

××公司是一家以经营外贸而迅速发展起来的民营企业。该公司创立十余年，经营领域也逐步扩张，由起初的外贸单一经营模式演变为涉足房地产开发、医疗、酒店等诸多行业的多元化企业。该公司拟招聘一名董事长秘书，吸引了各专业的同学前来应聘。

经过严格的简历筛选，共有四位求职者，张同学、吴同学、谢同学、王同学脱颖而出，招聘小组决定第二轮采用无领导小组讨论的形式进一步了解求职者，第二轮面试定在次日上午8点于集团办公室。

【事件】

次日，四位同学都提前到达了集团大厅，前台工作人员将四位同学带到面试间，说了一句“各位同学先在这里稍等一下”，随后离开了面试间。起初大家都端正坐在会议室里，但随着时间一分一秒过去，张同学轻声和旁边的吴同学抱怨了一声，便站起在面试间四处打量了起来，吴同学见大家都沉默不语，主动开启了话题，打破了沉寂。

距离面试时间已经过去10分钟了，但是还是没有面试小组的身影，张同学不停看手表，嘴里忍不住地抱怨道："这家公司太没有时间观念了吧，怎么他们的时间就是时间，我们的就不是吗？我是来工作的，可不是来这里等人的。"

谢同学正欲劝说，话还没有说出口，张同学已然愤懑离开。

几分钟后，人事李经理来到会议室。李经理："各位同学久等了，临时有个会议，耽搁了一些时间，我们现在开始吧。"他巡视了一周，疑声问道："怎么少了一位同学？"大家互相看了一下，都没有讲话，过了一会儿，谢同学才开口解释道："张同学临时有事，没有办法参加今天的面试了。"

李经理点头道："那好，我们现在开始面试。今天面试的形式是无领导小组讨论，题目是'你认为能力和机遇哪个更重要？'"

李经理话音刚落，吴同学便抢先回答："我觉得能力更重要，机遇只是成功的外在因素，而能力才是起决定性作用的，歌德说过善于抓捕机会者方为俊杰，可是前提是那个人必须有能力，试问一个没有能力的人会是俊杰吗？在读书期间，我一直在培养自己的能力，提高自己的素养，为今后的工作发展打下坚实的基础，希望贵公司能给我展现能力的机会。"

当吴同学发言完毕后，谢同学不紧不慢地道："相反，我觉得机遇更重要，常言道，人生的得失，关键在于机遇的得失，快跑的未必赢，力战的未必能胜，有能力的人未必能春风得意功成名就，生不逢时的人比比皆是，难道是因为他们没有能力吗？是——"谢同学还没有说完，吴同学立马反击道："我觉得你说的不对，抓住机会，何尝不是一种能力，生不逢时的人难道不能顺应时代吗？或者用自己的能力改变时代的命脉，你拥有了能力，即使没有机遇，你也可以创造机遇。姜太公钓鱼，他为什么拿直钩钓鱼，他就是在创造机遇……"

吴同学侃侃而谈，从多个角度阐述了他的观点，旁边的王同学多次想插入话题，但都无果，逐渐面露难色，全程竟然不发一言，相反，谢同学一直面带微笑听着吴同学的发言，并实时记录下了重要的观点。

毋庸置疑，吴同学是这场无领导小组讨论的胜利者，但出乎意料的是李经理决定录用谢同学。

【分析】

在一个事先安排好的面试环节中,张同学因为一点小问题,就放弃了面试的机会,太过于武断,工作中总有很多突发的事情,随性并不是一个处理工作的态度。最后李经理决定录用谢同学,是因为吴同学不够优秀吗?吴同学表现出的思维能力、反应能力明显优于其他两位同学,但该公司招聘岗位为秘书,吴同学太过于重视自己的意见与观点,并不是所有的职位都需要有能力、有想法的人来担任,如果公司里的所有人都有自己坚定的主张,这样就会有多种主张,什么决定一时之间都无法决断,计划也无法实施,这显然不利于公司发展。

《孙子兵法》有言:“故善战者,求之于势力,不责于人,故能择人而任势。”优秀的指挥作战的将帅,善于捕捉时机,选择合适的人才,形成于己有利的形式。作为求职者,在抓住机会的同时,要充分认识自身的技能与岗位要求是否匹配,岗位需要最合适的人,而不是最优秀的人。

第一节 招聘流程

一、招聘的含义

什么是招聘?招聘是指企业借助相应方法或方式找到适合工作的申请人,并通过科学考核方法进行考核之后选择最终录用的流程。企业进行招募是基于自身发展的需要,通过系列活动与程序来挑选适合的人员进入组织。同时尽可能满足申请人的需要,据此来提升他们对企业的认可度及忠诚度。

简单来说,招聘即基于组织人才需求,应用多元渠道吸引应聘者,合理甄选符合需求的候选者,并向其发出录用书面通知的一系列过程。

企业招聘主要受到两方面因素的影响,即外在因素及内在因素,其中在外在因素方面,主要包括经济因素、政策因素、市场供求因素等,而在内在因素方面,则主要是企业形象及企业的经营情况和发展前景等。一般来说,在内在因素方面,当企业的经营情况越理想、形象越好,发展前景越明朗,越容易招聘到优质的人才,并为企业发展做好人力资源储备工作。

二、招聘方法

一般而言,招聘是由用人部门提出用人申请,由人力资源部门实施招聘,为了全方位考查应聘者的胜任力,人力资源部门在招聘初期会使用多样化的招聘措施,借助多元的招聘途径来对应聘人员进行甄选。从发展的历程来看,有以下几种的招聘方法。

1. 心理测验

测评人才职业能力、心理健康程度、人格魅力、情绪稳定性等的工具即是心理测验工具,这种工具所测结果具有客观性。但值得注意的是,这种工具的开发相对较烦琐,且需反复检验与修订,对能够运用到实际招聘环节中的心理测验工具,一定是信度和效度经过多次测试并能保证统一的工具。

一般而言,能够投入到招聘过程中的心理测验工具,都是经过多样本测试,并能经受市场检验的。用人单位不会专门开发和测评员工心理状况的工具。而是会与第三方心理测验机构合作,应用专业完善的测评工具,长期在招聘过程中植入心理测验。本书前面提到的职业性格测验、职业兴趣测验等,都属于此类心理测验工具。

2. 笔试法

笔试是一类和面试相对的考试,是考查应聘人员专业理论、文字使用水平与专业技术能力的一类书面方式的考试。此类方法能够高效地考查应聘者的基础知识、管理知识、专业理论、文字表述能力与综合分析能力等能力和素质的不同。

笔试在招聘环节发挥着很大的作用,特别是在大型集团企业招聘过程中,面对应聘者人数众多的情况,通过笔试,能够瞬间摸清应聘者的基础情况和理论知识体系,随后能够界定出一个大体满足要求的界限。笔试法是使用率较高的人才评测法,重在评测人才的专业知识与技能、综合分析能力、书面表达能力,成本较低、使用范围较广。

3. 面试法

面试法也是企业常用的人才评测法。基于形式差异,可将面试细分成两种:一种是结构化面试,另一种是非结构化面试。其中,结构化面试亦被称作标准化面试,其主要结合素质要素、评价指标设置评价方法、标准以及特定问题,再由面试者依照某种程序与应聘者互动沟通,进而评测应聘者。因前面有专门章节介绍过面试内容,所以在此不再赘述。

4. 公文筐测试

公文筐测试亦被称作公文处理或者是文件处理测试。这种测试旨在测验应聘者的信息搜集、分析、处理能力以及决策能力。在测验时,应聘者需立足管理者视角,融入模拟场景以思考方法与行为举止,再根据既定条件处理面试者提供的公文材料,使公文材料转变成一篇正规的公文报告。目前,这种测验方法主要应用在企业中高层管理者的招聘中。

三、招聘理论模型

在能力模型基础上打造的评价、选拔人才的技术模型即“人员选拔复合漏斗模型”。这种模型既符合企业既定的用人标准,又满足了企业文化建设需要。

用该模型评估和选拔人才时,重在根据能力模型有序地分析人才的能力素质,实现对人才的整体整合评估,具体如图 8-1 所示。从实际应用角度来看,“人员选拔复合漏斗模型”将人才评估、选拔视为简单的整一过程,并将人细分成四个不同层次进行过滤,进而采用复合漏斗形式确定人才。

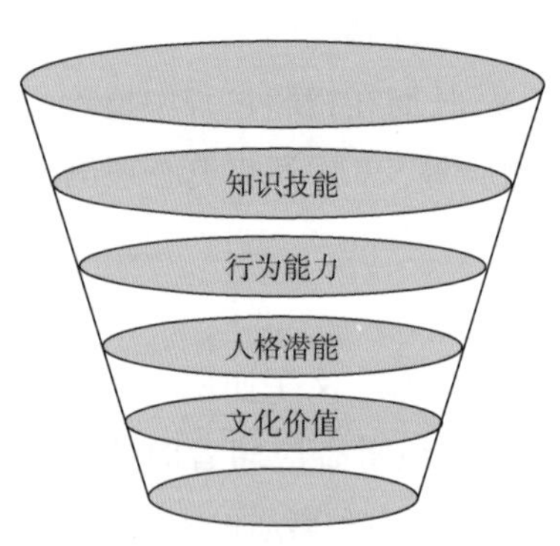

图 8-1 招聘适用的“人员选拔复合漏斗模型”

1. 知识技能过滤层

重在考查分析人才的专业技术、专业知识以及工作经验。和以往的评选机制不同,复合漏斗模型并不非常重视知识与技能。之所以对人才的知识技能进行考查,只是为了深入了解和掌握毕业院校、专业以及工作经历。所以,应聘者在面试前,通常需要参加企业设置的专业考试。这些考试题会逐步纳入企业试题库,并分类、分单位保存与不定期更新。

2. 行为能力过滤层

重在考查人才以往的工作行为和表现,核心考查内容是应聘者与目标岗位需求的匹配度。通俗而言,即应聘者是“做得了”还是“做得好”。对此,面试官通过

结构化的 STAR 技术来综合考查人才的综合行为能力。

3. 人格潜能过滤层

重在考查人才的性格特质、应聘动机以及人格类型。从目的上看，此处过滤旨在保证应聘者人格特征符合职位需要，以保证人才入职后能取得职业成功。之所以重视人才性格测试，主要是因为“性格决定命运”。梳理并归纳成功的招聘经验可知：各岗位任职者绩效高低，在很大程度上取决于其动机结构。例如，工作业绩突出的市场营销人员、研发员、管理员所持有的动机结构并不完全一致，因此，不同岗位需要不同性格的人员胜任，通过人格过滤，更能够精准发掘和匹配合适的人员。

4. 核心文化过滤层

重在考查岗位候选者的关键素质、人格特征是否契合企业价值观，具体表现有：是否匹配目标岗位的需求、是否匹配岗位所在部门的团队文化、是否能活跃组织氛围。在考查时，招聘者应立足企业文化适应视角、团队优化视角综合分析和判断应聘者的聘用价值。从用人角度来看，该考查直接关系到人才与其未来合作团队、企业的适配性。若应聘者认同并适应企业核心文化，则其进入企业后或将拥有良好的工作表现和工作绩效，进而推动应聘者职业目标、企业经营目标有效落地。所以，要高度重视核心文化过滤层，加强应聘者的筛选。

四、招聘流程

企业在开展招聘工作时，主要涉及如下环节：一是进行岗位分析；二是明确招聘需求；三是拟定适合企业需要的招聘计划；四是对外发布招聘信息，并对应聘者进行选拔；五是录用；六是进行评估；等等。事实上，这些环节加起来就是所有的招聘流程。简单来说，就是从出现空缺岗位，一直到空缺获得填补的过程。当然，不同企业，对招聘往往有不同的要求，为此相应的招聘流程也有可能不同。但从整体上来说，可归结为四个部分。

1. 招募

招募这个环节主要包括以下内容，即先是明确招聘需求，之后则制定并审批招聘计划，紧接着则发布招聘信息，最后则是收集应聘者信息等。落实好该项工作，能为接下来的招聘工作提供基础保障支持。而在整个招聘工作中，制订招聘计划这个环节极为重要,可以说是这项工作的关键。

2. 选拔

选拔在整个招聘活动中是非常重要的中心环节,与招聘效果息息相关,具体过程主要包括:预审,初试,面试,测试,做出初步录用决定,体检与进行背景调查,以及进行甄选,等等。一般而言,企业主要是通过查看应聘者信息来了解求职者信息,并结合企业设定标准来选拔相应人才。

3. 录用

录用可细化为两个阶段:第一是试用阶段,第二是正式录用阶段。在试用阶段,企业会结合求职者实际能力与人力资源规划进行岗位安排,同时还依据岗位需求情况进行岗前培训,以便帮助求职者尽快胜任新工作。之后,企业会对新员工的工作表现进行评估,结合评估情况就是否录用做出决定,如新员工获得企业的认可,并被企业正式录用,接下来就会签订劳动合同,该求职者也就正式成为企业的员工。

4. 评估

结束招聘之后,组织将着手进行评估招聘工作,重点是评价招聘方法、质量及成本等。在评估招聘的基础上,概括梳理招聘经验,查找招聘工作存在的问题,针对性地给出改进方案,为后续顺畅、高效地开展招聘工作创造有利条件。

【拓展阅读】

机关事业单位招聘

除了企业招聘外,还有机关事业单位的招聘。因事业单位的招聘参照机关单位的招聘执行,在此对机关单位的招聘进行详述。

机关单位的招聘分为“国考”和“省考”。国家公务员考试,简称“国考”,指中央、国家机关公务员考试,是国家部、委、署、总局招考中央国家机关的工作人员的一种方式,招考条件相对比较严格,一般均要求全日制本科应届、历届毕业生,部分职位要求硕士研究生和英语四级、计算机二级。时间相对比较固定,一般集中在每年10—11月。

由国家公务员局在网站上公布中央机关及其直属机构当年度考试录用公务员公告,公布公共科目笔试的时间,报考者可在规定时间内登录考录专题网站,提交报考申请,待资格审核后,打印准考证按时参加考试。笔试内容分为行政职业能力测验和申论,行政职业能力测验包括常识判断、言语理解与表达、数量关系、判断推理、资料分析五个部分,通过笔试测验后,按照招录3∶1的比例进入面试环节,面试采用结构化面试。

"省考"是指各省市机关公务员招考的简称,招考流程和测试内容与国考相类似。

公务员录用规定

(2007年11月6日,中共中央组织部、人事部制定;2019年10月15日,中共中央组织部修订,2019年11月26日发布)

第一章　总　　则

第一条　为规范公务员录用工作,保证新录用公务员的基本素质,建设信念坚定、为民服务、勤政务实、敢于担当、清正廉洁的高素质专业化公务员队伍,根据《中华人民共和国公务员法》(以下简称公务员法)和有关法律法规,制定本规定。

第二条　本规定适用于各级机关录用担任一级主任科员以下及其他相当职级层次的公务员。

第三条　公务员录用坚持以马克思列宁主义、毛泽东思想、邓小平理论、"三个代表"重要思想、科学发展观、习近平新时代中国特色社会主义思想为指导,贯彻新时代中国共产党的组织路线和干部工作方针政策,突出政治标准,坚持下列原则:

(一)党管干部;

(二)公开、平等、竞争、择优;

(三)德才兼备、以德为先,五湖四海、任人唯贤;

(四)事业为上、公道正派,人岗相适、人事相宜;

(五)依法依规办事。

第四条　录用公务员,采取公开考试、严格考察、平等竞争、择优录取的办法。录用政策和考试内容应当体现分类分级管理要求。

第五条　录用公务员,应当在规定的编制限额内,并有相应的职位空缺。

第六条　录用公务员,应当按照下列程序进行:

(一)发布招考公告;

（二）报名与资格审查；

（三）考试；

（四）体检；

（五）考察；

（六）公示；

（七）审批或者备案。

省级以上公务员主管部门可以对上述程序进行调整。

第七条 民族自治地方录用公务员，依照法律和有关规定执行。具体办法由省级以上公务员主管部门确定。

第八条 公务员主管部门和招录机关应当采取措施，便利报考者报名和参加考试。有残疾人参加考试时，根据需要予以协助。

第二章 管理机构

第九条 中央公务员主管部门负责全国公务员录用的综合管理工作。具体包括：

（一）拟定公务员录用法规；

（二）制定公务员录用的规章、政策；

（三）指导和监督地方各级机关公务员的录用工作；

（四）负责组织中央机关及其直属机构公务员的录用。

第十条 省级公务员主管部门负责本辖区公务员录用的综合管理工作。具体包括：

（一）贯彻有关公务员录用的法律、法规、规章和政策；

（二）根据公务员法和本规定，制定本辖区内公务员录用实施办法；

（三）负责组织本辖区内各级机关公务员的录用；

（四）指导和监督设区的市级以下各级机关公务员录用工作；

（五）承办中央公务员主管部门委托的公务员录用有关工作。

必要时，省级公务员主管部门可以授权设区的市级公务员主管部门组织本辖区内公务员的录用。

第十一条 设区的市级以下公务员主管部门按照省级公务员主管部门的规定，负责本辖区内公务员录用的有关工作。

第十二条 招录机关按照公务员主管部门的要求，负责本机关及直属机构公务员录用的有关工作。

第十三条　公务员录用有关专业性、技术性、事务性工作可以授权或者委托考试机构以及其他专业机构承担。

第三章　录用计划与招考公告

第十四条　招录机关根据队伍建设需要和职位要求，提出招考的职位、名额和报考资格条件，拟定录用计划。

第十五条　中央机关及其直属机构的录用计划，由中央公务员主管部门审定。

省级机关及其直属机构的录用计划，由省级公务员主管部门审定。设区的市级以下机关录用计划的申报程序和审批权限，由省级公务员主管部门规定。

第十六条　省级以上公务员主管部门依据有关法律、法规、规章和政策，制定招考工作方案。

设区的市级公务员主管部门经授权组织本辖区公务员录用，其招考工作方案应当报经省级公务员主管部门审核同意。

第十七条　公务员主管部门依据招考工作方案，制定招考公告，面向社会发布。招考公告应当载明以下内容：

(一) 招录机关、招考职位、名额和报考资格条件；

(二) 报名方式方法、时间和地点；

(三) 报考需要提交的申请材料；

(四) 考试科目、时间和地点；

(五) 其他须知事项。

第四章　报名与资格审查

第十八条　报考公务员，应当具备下列资格条件：

(一) 具有中华人民共和国国籍；

(二) 年龄为十八周岁以上，三十五周岁以下；

(三) 拥护中华人民共和国宪法，拥护中国共产党领导和社会主义制度；

(四) 具有良好的政治素质和道德品行；

(五) 具有正常履行职责的身体条件和心理素质；

(六) 具有符合职位要求的工作能力；

(七) 具有大学专科以上文化程度；

(八) 省级以上公务员主管部门规定的拟任职位所要求的资格条件；

（九）法律、法规规定的其他条件。

前款第（二）、（七）项所列条件，经省级以上公务员主管部门批准，可以适当调整。

报考行政机关中行政处罚决定审核、行政复议、行政裁决、法律顾问等职位的，应当取得法律职业资格。

公务员主管部门和招录机关不得设置与职位要求无关的报考资格条件。

第十九条 下列人员不得报考公务员：

（一）因犯罪受过刑事处罚的；

（二）被开除中国共产党党籍的；

（三）被开除公职的；

（四）被依法列为失信联合惩戒对象的；

（五）有法律规定不得录用为公务员的其他情形的。

第二十条 报考者不得报考录用后即构成公务员法第七十四条所列情形的职位，也不得报考与本人有夫妻关系、直系血亲关系、三代以内旁系血亲关系以及近姻亲关系的人员担任领导成员的用人单位的职位。

第二十一条 报考者应当向招录机关提交报考申请材料，报考者提交的申请材料应当真实、准确、完整。

招录机关根据报考资格条件对报考申请进行审查，确认报考者是否具有报考资格。资格审查贯穿录用全过程。

第五章 考 试

第二十二条 公务员录用考试采取笔试和面试等方式进行，考试内容根据公务员应当具备的基本能力和不同职位类别、不同层级机关分别设置，重点测查用习近平新时代中国特色社会主义思想指导分析和解决问题的能力。

第二十三条 笔试包括公共科目和专业科目。公共科目由中央公务员主管部门统一确定。专业科目由省级以上公务员主管部门根据需要设置。

第二十四条 招录机关按照省级以上公务员主管部门的规定，根据报考者笔试成绩由高到低的顺序确定面试人选。

面试的内容和方法，由省级以上公务员主管部门规定。

面试应当组成面试考官小组。面试考官小组由具有面试考官资格的人员组成。面试考官资格的认定与管理，由省级以上公务员主管部门负责。

第二十五条　有下列情形之一的，可以简化程序或者采用其他测评办法：

（一）不宜公开招考的；

（二）需要专门测查有关专业技能水平的；

（三）专业人才紧缺难以形成竞争的；

（四）省级以上公务员主管部门规定的其他情形。

以上情形的适用范围和实施办法，由省级以上公务员主管部门确定。

第六章　体　　检

第二十六条　招录机关按照省级以上公务员主管部门的规定，根据报考者考试成绩由高到低的顺序确定体检人选，并进行体检。

第二十七条　体检的项目和标准根据职位要求确定。具体办法由中央公务员主管部门会同国务院卫生健康行政部门规定。

第二十八条　承担体检工作的医疗机构由设区的市级以上公务员主管部门会同同级卫生健康行政部门指定。

体检完毕，主检医生应当审核体检结果并签名，医疗机构加盖公章。

第二十九条　招录机关或者报考者对体检结果有疑问的，可以按照规定提出复检。复检只能进行一次。体检结果以复检结论为准。

必要时，设区的市级以上公务员主管部门可以要求体检对象重新体检。

第三十条　招录机关根据职位需要，经省级以上公务员主管部门批准，可以对报考者进行体能测评。体能测评的项目和标准根据职位要求确定。具体办法由中央公务员主管部门规定。

第三十一条　招录机关根据职位需要，经省级以上公务员主管部门批准，可以对报考者有关心理素质进行测评，测评结果作为择优确定拟录用人员的重要参考。

第七章　考　　察

第三十二条　招录机关根据报考者的考试成绩等确定考察人选，并进行报考资格复审和考察。

第三十三条　报考资格复审主要核实报考者是否符合规定的报考资格条件，确认其报名时提交的信息和材料是否真实、准确、完整。

第三十四条　考察工作突出政治标准，重点考察人选是否符合增强“四个意识”、坚定“四个自信”、做到“两个维护”，热爱中国共产党、热爱祖国、热爱人民等政治要求。考察内容主要包括人选的政治素质、道德品行、能力素质、心理素质、学习和工作表现、遵纪守法、廉洁自律、职位匹配度以及是否需要回避等方面的情况。

考察人选达不到公务员应当具备的条件或者不符合报考职位要求的，不得确定为拟录用人员。

第三十五条 考察应当组成考察组。考察组由两人以上组成，采取个别谈话、实地走访、严格审核人事档案、查询社会信用记录、同考察人选面谈等方法，根据需要也可以进行延伸考察等，广泛深入地了解情况，做到全面、客观、公正，并据实写出考察材料。考察情况作为择优确定拟录用人员的主要依据。考察对象所在单位（学校）或者相关单位应予积极配合，并客观、真实反映有关情况。

省级（含副省级）以上招录机关，可以实行差额考察。

第八章 公示、审批或者备案

第三十六条 招录机关根据报考者的考试成绩、体检结果和考察情况等，择优提出拟录用人员名单，向社会公示。公示期不少于五个工作日。

第三十七条 公示内容包括招录机关名称、拟录用职位，拟录用人员姓名、性别、准考证号、毕业院校或者工作单位，监督电话以及省级以上公务员主管部门规定的其他事项。

公示期满，对没有问题或者反映问题不影响录用的，按照规定程序办理审批或者备案手续；对有严重问题并查有实据的，不予录用；对反映有严重问题，但一时难以查实的，暂缓录用，待查实并作出结论后再决定是否录用。

第三十八条 中央机关及其直属机构拟录用人员名单应当报中央公务员主管部门备案；地方各级招录机关拟录用人员名单应当报省级或者设区的市级公务员主管部门审批。

第九章 试　　用

第三十九条 新录用的公务员试用期为一年，自报到之日起计算。试用期内，由招录机关对新录用的公务员进行考核，并按照规定进行初任培训。

第四十条 新录用公务员试用期满考核合格的，招录机关应当按照有关规定予以任职定级。

第四十一条 新录用公务员试用期满考核不合格的，取消录用。

试用期间发现新录用公务员有不具备公务员条件、不符合报考职位要求、不能胜任职位工作等情形的，取消录用。

新录用公务员有公务员法第八十九条规定情形的，不得取消录用。

第四十二条　中央机关及其直属机构取消录用的人员名单，应当报中央公务员主管部门备案。地方各级招录机关取消录用的审批权限由省级公务员主管部门规定。

第四十三条　新录用公务员取消录用的时间，从作出取消录用决定之日起计算。取消录用决定应当以书面形式通知本人，停发工资、转递档案以及转接社会保险关系等按照有关规定执行。

第十章　纪律与监督

第四十四条　从事录用工作的人员凡有公务员法第七十六条所列情形之一的，应当实行回避。

第四十五条　有下列情形之一的，由省级以上公务员主管部门或者设区的市级公务员主管部门，视情况分别予以责令纠正或者宣布无效；对负有责任的领导人员和直接责任人员，根据情节轻重，给予批评教育、责令检查、诫勉、组织调整或者组织处理；涉嫌违纪违法需要追究责任的，依规依纪依法予以处分；涉嫌犯罪的，移送有关国家机关依法处理：

（一）不按照规定的编制限额和职位要求进行录用的；

（二）不按照规定的任职资格条件和程序录用的；

（三）未经授权，擅自出台、变更录用政策，造成不良影响的；

（四）录用工作中徇私舞弊，情节严重的；

（五）发生泄露试题、违反考场纪律以及其他严重影响公开、公正行为的。

第四十六条　从事录用工作的人员有下列情形之一的，由公务员主管部门或者所在单位，根据情节轻重，给予批评教育、责令检查、诫勉、组织调整或者组织处理；涉嫌违纪违法需要追究责任的，依规依纪依法予以处分；涉嫌犯罪的，移送有关国家机关依法处理：

（一）泄露试题和其他录用秘密信息的；

（二）利用工作便利，伪造考试成绩或者其他录用工作有关资料的；

（三）利用工作便利，协助报考者考试作弊的；

（四）因工作失职，导致录用工作重新进行的；

（五）违反录用工作纪律的其他行为。

第四十七条　报考者有违反报考规则和管理规定行为的，由公务员主管部门、招录机关或者考试机构按照管理权限，分别采取纠正、批评教育、答卷不予评阅、当科考试成绩为零分、终止录用程序等方式进行现场处置或者事后处置。

报考者有隐瞒真实信息、弄虚作假、考试作弊、扰乱考试秩序等违反录用纪律行为的，情节较轻的，由省级以上公务员主管部门或者设区的市级公务员主管部门给予考试成绩无效、取消资格等处理；情节严重的，给予五年内限制报考的处理；情节特别严重的，给予终身限制报考的处理；涉嫌犯罪的，移送有关国家机关依法处理。

第四十八条 公务员录用工作接受监督。报考者可以向公务员主管部门、招录机关、考试机构提出意见建议；认为其合法权益受到侵犯的，可以依据有关规定进行信访、申诉、控告或者检举；对违纪违规行为处理决定不服的，可以进行陈述和申辩、申请行政复议或者提起行政诉讼。公务员主管部门、招录机关、考试机构和相关部门应当及时受理，并按照规定程序和权限处理。

第十一章 附 则

第四十九条 参照公务员法管理的机关(单位)录用工勤人员以外的工作人员，参照本规定执行。

第五十条 本规定由中共中央组织部负责解释。

第五十一条 本规定自2019年11月26日起施行。

(资料来源：国家公务员局官网)

第二节 模拟招聘

一、认知模拟招聘

模拟招聘是指通过模拟招聘中的各个环节，提前帮助在校大学生适应招聘流程和各个环节的测试内容，是指导在校学生顺利实现就业的一种方式，能够填补传统的理论教学存在的不足，让学生在学习理论的基础之上，应用模拟招聘的教学模式，体会实际就业过程中面临企业招聘会发生的各种问题。学生在积累应聘经验的同时，也能够进一步认识职业、认识自我、认识用人单位，并及时反馈到学习和实际应聘中去，以便更好地充实自己和规划职业生涯，满足社会的需求。

二、模拟招聘的运行

（一）准备阶段

首先是虚拟单位的设定，公司的性质、规模、企业文化、组织结构等。这是模拟招聘的首要工作，招聘流程和相关环节的模拟是针对某一个具体用人单位进行的。

其次是把参与模拟的同学分成两组，招聘组扮演虚拟单位的招聘团队，应聘组扮演应聘者，小组成员可协助讨论各个环节的应对之策，最后推举一位应聘者，参加模拟招聘。

最后是各种材料的准备。招聘组准备的材料包括公司简介、招聘广告、职位说明书、设计面试形式、面试题目及评分标准，而应聘组则需解读职位说明书、按照职位说明书的任职要求准备简历。在准备的过程中，招聘组需要从专业角度了解人力资源人员职位、机构的设置，同时开始学习写作招聘广告、职位说明书等，如职位说明书的撰写，需要对各职位的职责、要求、薪酬等做出详细的设计。学生需要对收集的各公司同一职位说明进行对比分析，才能确定一个职位的描述。还有招聘宣讲宣传，展示公司的现有实力和发展前景，要求招聘组的成员做好 PPT 的准备工作，并且做好 PPT 展示准备。同时，为后面的结构化面试、无领导小组讨论等常出现的面试环节，设计面试问题和评分标准。

应聘组的同学需要根据职位说明书、招聘启事、企业宣讲 PPT 获得的信息，精心准备简历。同时，站在招聘组的角度来审读简历，反复进行修改。假设通过简历筛选后，就要为随后的结构化面试、无领导小组讨论做好充分的准备。通过“换位思考”，预测招聘组可能提出的问题，事先做好准备，反复演练被推举出来的那位应聘者的组织能力、应变能力、合作能力、分析能力及解决问题的能力等。

（二）调研阶段

安排学生参观访问人才市场、走访用人单位、在获得用人单位的同意后，实地观摩几次真实的招聘实况，为实施模拟招聘做好充分的准备并撰写报告。

（三）实施阶段

设计虚拟公司的招聘海报，设置报名区、招聘区、有序记录、招聘结果及时反馈。按照分组情况,深度扮演相应角色,使学生站在不同的角度来全面体验招聘甄选活动。

当完整地模拟完一个招聘过程后,招聘组和应聘组交换角色,并且由代表对感受进行总结,交流心得。同时,可以安排学生全程拍摄视频记录,这样做能将学生在模拟招聘中的表现,无论是优点还是不足及时反馈给学生,并进行点评和指导,帮助学生更深入地认识自我,及时发现优点、增强自信;寻找不足、调整自我;积累经验,提升自我。

【实训活动】

组织一次模拟招聘活动,按照招聘组和应聘组各5人筹建小组。招聘组推选出一名招聘负责人,并对小组成员进行分工安排,如岗位信息搜集及职位说明书制作1人,招聘海报、招聘启事制作1人,PPT制作及招聘宣讲1人,简历审查标准及面试题目和评分标准制定1人;应聘组推选出一名应聘者,并对其他小组成员进行分工安排,解读岗位信息和职位说明书1人,简历制作1人,根据PPT陈述抓取有用信息(如公司发展历程、公司价值观及用人标准等)1人,预设面试问题及面试标准1人。

【课后作业】

- 什么是招聘?招聘主要受哪些因素的影响?
- 招聘的方法有哪些?
- 招聘的理论模型主要是什么?
- 招聘的流程具体是怎样的?有几个主要环节?
- 什么是模拟招聘?为什么要进行模拟招聘?
- 通过本章的学习,你最大的收获是什么?